Bercakaplah dengan Suara Asal

*"Bagi Dia yang berkenderaan melintasi,
langit purbakala;
perhatikanlah,
Dia memperdengarkan suara-Nya,
suara-Nya yang dahsyat."
(Mazmur 68:33)*

Bercakaplah dengan Suara Asal

Dr. Jaerock Lee

Bercakaplah dengan Suara Asal oleh Dr. Jaerock Lee
Diterbitkan oleh Urim Books (Wakil: Johnny. H. Kim)
73, Yeouidaebang-ro 22-gil, Dongjak-gu, Seoul, Korea
www.urimbooks.com

Semua hak cipta terpelihara. Buku ini atau sebahagian daripada buku ini tidak dicetak semula dalam sebarang bentuk, disimpan dalam sistem yang boleh diperolehi semula atau dihantar dalam sebarang bentuk atau tujuan, elektronik, mekanikal, penyalinan, rakaman atau yang lain tanpa keizinan bertulis daripada penerbit.

Kecuali jika dinyatakan sebaliknya, semua petikan Kitab Suci diambil dari Kitab Suci, NEW AMERICAN STANDARD BIBLE, ®, Hak cipta © 1960, 1962, 1963, 1968, 1971, 1972, 1973, 1975, 1977, 1995 oleh Lockman Foundation. Digunakan dengan kebenaran.

Hak cipta © 2015 oleh Dr. Jaerock Lee
ISBN: 979-11-263-1209-2 03230
Hak Cipta Penterjemahan © 2013 oleh Dr. Esther K. Chung.
Digunakan dengan kebenaran.

Pertama Diterbitkan pada September 2023

Pertama sekali diterbitkan dalam bahasa Korea pada tahun 2011 oleh Urim Books di Seoul, Korea

Disunting oleh Dr. Geumsun Vin
Direka bentuk oleh Pasukan Reka Bentuk bagi Urim Books
Untuk maklumat lanjut hubungi: urimbook@hotmail.com

Pesanan Penerbitan

Dengan harapan agar pembaca akan menerima jawapan yang rahmat melalui suara asal, yang penuh dengan kerja penciptaan...

Terdapat banyak jenis bunyi di dunia. Ada bunyi kicauan burung yang merdu, bunyi ketawa bayi yang murni, bunyi sorakan penonton, bunyi enjin gasolin dan bunyi muzik. Terdapat bunyi yang berada dalam lingkungan frekuensi yang boleh didengari dan ada juga bunyi lain seperti ultra bunyi yang tidak dapat didengari oleh manusia.

Jika frekuensi bunyi terlalu tinggi atau terlalu rendah, kita tidak dapat mendengarnya walaupun ia wujud. Selain itu, ada juga bunyi yang kita hanya dapat dengari melalui hati. Ia seperti suara hati nurani kita. Apakah suara yang paling indah dan paling berkuasa? Ini adalah 'Suara Asal' yang diujarkan oleh Tuhan Pencipta, yang merupakan asal-usul segala sesuatu.

"Bagi Dia yang berkenderaan melintasi langit purbakala. Perhatikanlah, Dia memperdengarkan suara-Nya, suara-Nya yang dahsyat" (Mazmur 68:33).

"...sungguh, kemuliaan Tuhan Israel datang dari sebelah timur. Dan terdengarlah suara seperti suara air terjun yang menderu dan bumi bersinar karena kemuliaan-Nya" (Yehezkiel 43:2).

Pada asalnya, Tuhan meliputi sleuruh dunia sebagai Cahaya yang mengandungi suara agung di dalamnya (1 Yohanes 1:5). Kemudian, Dia merancang 'persediaan manusia' untuk mendapatkan anak-anak sejati dengan mana Dia dapat berkongsi kasih sayang sejati dan Dia wujud sebagai Tuhan Triniti, sebagai Bapa, Anak dan Roh Kudus. Suara asal terkandung dalam Anak dan Roh Kudus, sama seperti Bapa.

Apabila tiba masanya, Tuhan Triniti bercakap dengan suara asal untuk mencipta syurga dan dunia serta segala isinya. Dia berkata, "Jadilah terang," "Hendaklah segala air yang di bawah langit berkumpul pada satu tempat, sehingga kelihatan yang kering" "Hendaklah tanah menumbuhkan tunas-tunas muda, tumbuh-tumbuhan yang berbiji, segala jenis pohon buah-buahan yang menghasilkan buah yang berbiji, supaya ada tumbuh-tumbuhan di bumi," "Jadilah benda-benda penerang pada cakerawala untuk memisahkan siang dari malam," "Hendaklah dalam air berkeriapan makhluk yang hidup, dan hendaklah burung berterbangan di atas bumi melintasi cakerawala"

(Kejadian 1:3; 1:9; 1:11; 1:14; 1:20). Oleh itu, semua ciptaan dapat mendengar suara asal yang diucapkan oleh Tuhan Triniti dan kesemuanya patuh merentasi ruang dan masa. Dalam Empat Ajaran, benda yang bukan hidup sekalipun, angin dan ombak menjadi tenang apabila Yesus bercakap dengan suara asal (Lukas 8:24-25). Apabila Dia berkata kepada orang yang lumpuh, "Dosa kamu telah diampunkan" dan "Bangun, ambil tempat tidurmu dan pulang ke rumah" (Matius 9:6), dia bangun dan pulang ke rumah. Orang yang melihat kejadian ini berasa kagum dan mengagungkan Tuhan yang telah memberikan kekuasaan begitu kepada manusia.

Yohanes 14:12 menyatakan, "Aku berkata kepadamu, sesungguhnya barang siapa percaya kepada-Ku, ia akan melakukan juga pekerjaan-pekerjaan yang Aku lakukan, bahkan pekerjaan-pekerjaan yang lebih besar dari pada itu. Sebab Aku pergi kepada Bapa." Jadi, bagaimanakah dapat kita mengalami kerja suara asal hari ini? Kita dapat membaca dalam buku Kisah Para Rasul bahawa manusia digunakan sebagai alat Tuhan untuk mempamerkan kuasa Tuhan, setakat mana mereka menyingkirkan kejahatan dalam hati untuk menyemaikan kesucian di dalamnya.

Petrus menyuruh seorang lelaki yang tidak dapat berjalan sejak lahir untuk berjalan dengan nama Yesus Kristus dari Nazaret dan memegang tangannya. Kemudian, lelaki itu bangun, berjalan dan melompat. Apabila Dia berkata kepada Tabitha yang telah mati, "Bangun," dia dibangkitkan semula. Hawari Paulus membangkitkan semula seorang anak muda yang telah mati bernama Eutychus, apabila sapu tangan atau apron dibawa daripada badannya kepada orang sakit, penyakit akan meninggalkan mereka dan roh jahat akan keluar.

Karya ini Bercakaplah dengan Suara Asal ialah buku terakhir dalam siri 'Kesucian dan Kuasa'. Ia menunjukkan kepada anda cara untuk mengalami kuasa Tuhan melalui suara asal. Terdapat juga pengenalan kepada kerja sebenar kuasa Tuhan supaya pembaca dapat mengaplikasikan prinsip ini dalam kehidupan seharian mereka. Ada juga 'Contoh daripada Alkitab' yang akan membantu pembaca memahami dunia rohani dan prinsip menerima jawapan.

Saya mengucapkan terima kasih kepada Geumsun Vin, pengarah Biro Suntingan dan staf, serta saya berdoa dengan nama Tuhan supaya rami orang akan menerima jawapan kepada doa mereka dan menerima rahmat, dengan mengalami sendiri suara asal yang memanifestasikan kerja ciptaan.

Jaerock Lee

Pengantar

Seiring dengan perkembangan gereja, Tuhan membolehkan kami menganjurkan "Mesyuarat Kebangkitan Khas Dua Minggu Berterusan" dari tahun 1993 hingga 2004. Tuhan mahu ahli gereja untuk memiliki keimanan rohani dan melihat sejenak dimensi kebaikan, cahaya, kasih sayang dan kuasa Tuhan. Selepas beberapa tahun, Tuhan membolehkan mereka mengalami sendiri dalam hidup mereka kuasa penciptaan yang melampaui ruang dan masa.

Mesej yang disampaikan dalam perjumpaan kebangkitan tersebut disusun sebagai siri 'Kesucian dan Kuasa'. Bercakaplah dengan Suara Asal mengajarkan kita tentang beberapa perkara kerohanian yang mendalam yang tidak diketahui ramai, seperti asal-usul Tuhan; syurga asal; kerja berkuasa yang dimanifestasikan melalui suara asal dan cara untuk mengalaminya dalam kehidupan sebenar.

Bab 1, 'Asal-Usul' menerangkan tentang siapa Tuhan, bagaimana Dia wujud dan cara serta sebab Dia menciptakan manusia. Bab 2 'Syurga-syurga' menerangkan tentang hakikat bahawa terdapat banyak syurga dan Tuhan mentadbir semua syurga ini. Ia meneruskan dengan menekankan bahawa kita dapat menerima jawapan kepada apa jua masalah jika kita percaya dengan Tuhan ini melalui contoh Naaman, seorang jeneral tentera Aram. Bab 3, 'Tuhan Triniti' membincangkan mengapa Tuhan asal membahagikan ruang dan wujud sebagai Tuhan Triniti, serta peranan setiap Triniti.

Bab 4, 'Keadilan' membincangkan keadilan Tuhan dan cara kita dapat menerima jawapan berdasarkan keadilan ini. Bab 5, 'Kepatuhan' memberitahu kita tentang Yesus yang mematuhi firman Tuhan dengan sepenuhnya, serta menegaskan bahawa kita juga mesti mematuhi firman Tuhan untuk mengalami kerja Tuhan. Bab 6, 'Keimanan' menyatakan bahawa walaupun semua penganut menyatakan bahawa mereka percaya, terdapat perbezaan dari segi sejauh mana jawapan diterima, serta bab ini juga mengajarkan kita apa yang perlu kita lakukan untuk menunjukkan jenis keimanan yang akan dipercayai sepenuhnya oleh Tuhan.

Bab 7, 'Kamu katakan Aku siapa?' membincangkan cara untuk kita menerima jawapan, dengan contoh Petrus, yang menerima janji rahmat apabila dia mengakui bahawa Yesus ialah Tuhan dengan sepenuh hatinya. Bab 8 'Apa yang kamu mahu Aku lakukan untukmu?' menerangkan proses langkah demi langkah seorang lelaki buta yang menerima jawapannya. Bab 9 'Ia akan berlaku terhadapmu seperti yang kamu percaya' menunjukkan rahsia perwira yang menerima jawapannya dan memaparkan kes daripada kehidupan sebenar di gereja kami.

Melalui buku ini, saya berdoa dengan nama Tuhan supaya semua pembaca akan memahami asal-usul Tuhan dan kerja Tuhan triniti dan menerima semua yang mereka minta melalui kepatuhan dan keimanan yang berlandaskan keadilan, supaya mereka dapat mengagungkan Tuhan.

April, 2009
Geumsun Vin,
Pengarah Biro Suntingan

Isi Kandungan

Pesanan Penerbitan

Pengantar

Bab 1	Asal-Usul	· 1
Bab 2	Syurga-syurga	· 17
Bab 3	Tuhan Triniti	· 35

Contoh Alkitab I
Kejadian yang berlaku apabila pagar syurga kedua dibuka di syurga pertama

Bab 4   Keadilan   · 55

Bab 5   Kepatuhan   · 73

Bab 6   Keimanan   · 91

Contoh Alkitab II
Syurga ketiga dan ruang dimensi ketiga

Bab 7   Kamu Katakan Aku Siapa?   · 109

Bab 8   Apa Yang Kamu Mahu
        Aku Lakukan Untukmu?   · 125

Bab 9   Ia Akan Berlaku Terhadapmu
        Seperti Yang Kamu Percaya   · 141

Contoh Alkitab III
Kuasa Tuhan, yang memiliki syurga keempat

Bab 1 — Asal-Usul

> Jika kita memahami asal-usul Tuhan
> dan cara manusia wujud,
> kita boleh melakukan seluruh tugas manusia.

Asal-usul Tuhan

Tuhan asli merancang penyemaian manusia

Imej Tuhan Triniti

Tuhan mencipta manusia untuk memperoleh anak sejati

Asal-usul manusia

Benih kehidupan dan kandungan

Tuhan sang Pencipta yang maha kuasa

"Pada mulanya adalah Firman, Firman itu bersama-sama dengan Tuhan dan Firman itu adalah Tuhan."

(Yohanes 1:1)

Kini, ramai orang mencari perkara yang tidak bermakna kerana mereka tidak tahu akan asal-usul alam semesta atau Tuhan sebenar yang memerintahnya. Mereka hanya melakukan apa-apa sahaja yang mereka suka kerana mereka tidak memahami sebab mereka hidup di dunia ini - tujuan sebenar dan nilai kehidupan. Akhirnya, mereka menjalani kehidupan bagaikan lalang kerana mereka tidak tahu akan asal-usul mereka.

Walau bagaimanapun, kita boleh beriman dengan Tuhan dan menjalani kehidupan melaksanakan 'tugas penuh' manusia jika kita memahami asal-usul Tuhan Triniti dan bagaimana manusia wujud. Apakah asal-usul Tuhan Triniti, Bapa, Anak dan Roh Kudus?

Asal-usul Tuhan

Yohanes 1:1 memberitahu kita tentang Tuhan pada awalnya, iaitu asal-usul Tuhan. Bilakah 'permulaan' berlaku di sini? Ia terjadi sebelum keabadian apabila tiada sesiapa tetapi Tuhan sang Pencipta dalam setiap ruang alam semesta. Semua ruang alam semesta bukan menandakan setakat alam semesta yang boleh dilihat. Selain daripada ruang dalam alam semesta yang kita tinggal sekarang, ruang yang tidak boleh dibayangkan luasnya dan tiada ukuran juga wujud. Dalam seluruh alam semesta termasuk ruang ini, Tuhan sang Pencipta sendiri wujud sebelum abadi.

Disebabkan segala-galanya di bumi ini mempunyai had dan permulaan serta pengakhiran, kebanyakan orang tidak boleh memahami konsep 'sebelum abadi' dengan mudah. Mungkin Tuhan boleh berfirman, "Pada mulanya ialah Tuhan," tetapi mengapa Dia berfirman, "Pada mulanya adalah Firman"? Hal ini kerana dahulu, Tuhan tidak mempunyai 'bentuk' atau 'penampilan' yang Dia ada sekarang.

Manusia di dunia ini mempunyai had, maka mereka sentiasa mahukan sejenis bentuk yang betul agar mereka boleh melihat dan menyentuh-Nya. Kerana itulah mereka membina pelbagai berhala untuk disembah. Namun, bagaimana berhala buatan manusia menjadi tuhan yang mencipta syurga dan bumi dan segala yang di dalamnya? Bagaimana boleh mereka menjadi tuhan yang mengawal kehidupan, kematian, nasib baik dan nasib malang, malah sejarah manusia?

Tuhan wujud sebagai Firman pada mulanya, namun kerana manusia perlu boleh mengakui kewujudan Tuhan, Dia menzahirkan diri-Nya dalam bentuk. Maka, bagaimana Tuhan yang merupakan Firman pada mulanya, wujud? Dia wujud sebagai cahaya indah dan suara lantang. Dia tidak memerlukan nama atau bentuk. Dia wujud sebagai Cahaya yang menyimpan suara dan mengawal semua ruang dalam alam semesta. Sebagaimana yang dinyatakan Yohanes 1:5 bahawa Tuhan itu Terang, Dia merangkumi semua ruang dalam seluruh alam semesta dengan Terang dan menyimpan suara dalamnya, dan suara tersebut merupakan 'Firman' yang dinyatakan dalam Yohanes 1:1.

Tuhan asli merancang penyemaian manusia

Apabila tiba masanya, Tuhan yang wujud sebagai Firman pada awalnya membuat rancangan. Rancangan itu adalah 'penyemaian manusia'. Secara ringkasnya, ia rancangan untuk mencipta manusia dan meningkatkan bilangan mereka agar sesetengah daripada mereka akan keluar sebagai anak sejati Tuhan yang menyerupai-Nya. Kemudian Tuhan akan membawa mereka ke kerajaan syurga dan hidup bahagia selama-lamanya berkongsi kasih sayang dengan mereka.

Selepas merancang perkara ini, Tuhan melaksanakan rancangan-Nya dengan satu langkah pada satu-satu masa. Mula-mula, Dia membahagikan seluruh alam semesta. Saya akan menerangkan tentang ruang dengan lebih terperinci dalam bab kedua. Sebenarnya, semua ruang hanyalah satu ruang dibahagikan seluruh satu ruang dalam banyak ruang mengikut keperluan penyemaian manusia. Dan peristiwa yang sangat penting berlaku selepas pembahagian ruang.

Sebelum permulaan, wujudnya Satu Tuhan sebagai Triniti bagi Bapa, Anak dan Roh Kudus. Ia seperti Tuhan Bapa melahirkan Tuhan Anak dan Tuhan Roh Kudus. Bagi sebab ini, Injil merujuk kepada Yesus sebagai satu-satunya Anak Tuhan kandung. Dan Ibrani 5:5, "Engkaulah Anak-Ku; pada hari ini Aku menjadi Bapa-Mu."

Tuhan Anak dan Tuhan Roh Kudus mempunyai hati dan kuasa yang sama kerana mereka berasal daripada Tuhan yang Satu. Triniti sama dalam segala perkara. Bagi sebab ini Filipi 2:6-7 menyatakan tentang Yesus, "...yang walaupun dalam rupa Tuhan, tidak menganggap kesetaraan dengan Tuhan itu sebagai milik yang harus dipertahankan, melainkan telah mengosongkan diri-Nya sendiri, dan mengambil rupa seorang hamba, dan menjadi sama dengan manusia."

Imej Tuhan Triniti

Pada mulanya, Tuhan wujud sebagai Firman yang disimpan dalam Terang, tetapi Dia akhirnya mempunyai bentuk Tuhan Triniti demi penyemaian manusia. Kita boleh bayangkan imej Tuhan jika kita berfikir tentang babak di mana Tuhan mencipta manusia. Kejadian 1:26 menyatakan, "Baiklah Kita menjadikan manusia menurut gambar dan rupa Kita, supaya mereka berkuasa atas ikan-ikan di laut dan burung-burung di udara dan atas ternak dan atas seluruh bumi dan atas segala binatang melata yang merayap di bumi." Di sini, 'Kita' merujuk kepada Triniti Bapa, Anak dan Roh Kudus dan kita boleh faham bahawa kita dicipta dalam imej Tuhan Triniti.

Ia menyatakan, "Baiklah Kita menjadikan manusia menurut gambar dan rupa Kita," dan kita juga boleh memahami jenis imej yang dimiliki Tuhan Triniti. Sudah tentulah mencipta manusia dalam imej Tuhan bukan sahaja bermakna penampilan luaran seperti Tuhan. Manusia dicipta dalam imej Tuhan di dalam juga; manusia dipenuhi dengan kebaikan dan kebenaran di dalam.

Namun manusia pertama iaitu Adam berdosa kerana keingkaran dan kemudian dia hilang imej pertama yang diberi apabila dia dicipta. Dan dia tercemar dan dikotori dengan dosa dan kejahatan. Maka, jika kita benar-benar memahami bahawa jasad dan hati kita dicipta dalam imej Tuhan, kita perlu memulihkan semula imej Tuhan yang hilang.

Tuhan mencipta manusia untuk memperoleh anak sejati

Selepas pembahagian ruang, Tuhan Triniti mula mencipta perkara penting satu demi satu. Contohnya, Dia tidak memerlukan tempat bersemayam apabila Dia wujud sebagai Terang dan Suara. Namun, selepas dia mempunyai bentuk, Dia memerlukan tempat bersemayam dan juga malaikat serta tuan rumah syurga untuk melayan-Nya. Maka Dia mencipta makhluk rohani dahulu dalam dunia rohani dan kemudian Dia mencipta semua perkara dalam alam semesta yang kita diami sekarang.

Sudah tentulah Dia tidak mencipta syurga dan bumi dalam angkasa kita sejurus selepas Dia mencipta segala-galanya dalam dunia rohani. Selepas Tuhan Triniti mencipta dunia rohani, Dia tinggal dengan tuan rumah syurga dan malaikat di sana buat tempoh yang sangat lama. Selepas tempoh yang lama itu, Dia mencipta segala perkara dalam ruang fizikal ini. Hanya selepas dia mencipta semua alam sekitar di mana manusia boleh hidup barulah Dia mencipta manusia dalam imej-Nya.

Maka apakah sebab Tuhan mencipta manusia walaupun terdapat pelbagai malaikat dan tuan rumah syurga yang melayan-Nya? Hal ini kerana Dia mahu memperoleh anak sejati. Anak sejati adalah manusia yang menyerupai Tuhan dan yang boleh berkongsi kasih sayang sejati dengan Tuhan. Melainkan beberapa makhluk yang istimewa, tuan rumah syurga dan malaikat mentaati dan berkhidmat tanpa syarat, boleh diibaratkan seperti robot. Jika anda berfikir tentang ibu bapa dan anak, tiada ibu bapa yang akan menyayangi robot yang patuh kata melebihi anak mereka sendiri. Mereka menyayangi anak mereka kerana mereka boleh berkongsi kasih sayang antara satu sama lain dengan rela hati.

Manusia pula mampu mentaati dan mengasihi Tuhan dengan kehendak sendiri. Sudah tentulah manusia tidak boleh setakat memahami hati Tuhan dan berkongsi kasih sayang dengan-Nya sebaik mereka dilahirkan. Mereka perlu mengalami pelbagai perkara semasa membesar agar mereka boleh merasai kasih sayang Tuhan dan sedar tanggungjawab penuh manusia. Hanya manusia sebegini boleh mengasihi Tuhan dengan hati mereka dan mentaati kehendak-Nya.

Manusia sebegini tidak mengasihi Tuhan kerana mereka dipaksa berbuat demikian. Mereka tidak mentaati firman Tuhan disebabkan takut akan balasan. Mereka hanya mengasihi Tuhan dan memanjatkan kesyukuran kepada-Nya dengan kehendak sendiri. Sikap sebegini tidak berubah. Tuhan merancang penyemaian manusia untuk memperoleh anak sejati yang boleh berkongsi, memberi dan menerima kasih sayang dengan-Nya daripada hati mereka. Untuk hal ini berlaku, Dia mencipta manusia pertama, Adam.

Asal-usul manusia

Kalau begitu, apakah asal-usul manusia? Kejadian 2:7 menyatakan, "Ketika itulah TUHAN membentuk manusia itu dari debu tanah dan menghembuskan nafas hidup ke dalam hidungnya; demikianlah manusia itu menjadi makhluk yang hidup." Maka, manusia adalah makhluk istimewa yang melangkaui segala perkara yang diakui oleh teori evolusi Darwin. Manusia tidak berevolusi daripada haiwan yang hina sehingga tahap kini. Manusia dicipta dalam imej Tuhan dan Tuhan menghembuskan nafas hidup ke dalam mereka. Hal ini bermakna jasad dan roh datang daripada Tuhan. Oleh itu, manusia merupakan makhluk rohani yang datang daripada atas. Kita tidak perlu berasa diri sendiri sebagai haiwan yang lebih maju sedikit berbanding haiwan lain. Jika kita melihat pada fosil yang dibentangkan sebagai bukti evolusi, tiada fosil pertengahan yang boleh menghubungkan spesies yang berbeza. Bertentangan daripada itu, terdapat lebih banyak bukti penciptaan.

Contohnya, semua manusia mempunyai sepasang mata, sepasang telinga, satu hidung dan satu mulut. Semuanya terletak di tempat yang sama. Hal ini bukan setakat pada manusia. Semua jenis haiwan juga mempunyai struktur yang hampir sama. Ini merupakan bukti bahawa semua makhluk hidup direka oleh seorang Pencipta. Selain itu, hakikat bahawa segala perkara dalam alam semesta berjalan dalam susunan yang sempurna, tanpa satu pun kesilapan adalah bukti ciptaan Tuhan.

Kini, ramai orang berasa manusia berevolusi daripada haiwan, dan oleh itu mereka tidak sedar asal-usul mereka dan sebab mereka hidup di sini. Namun sebaik kita sedar bahawa kita makhluk suci yang dicipta dalam imej Tuhan, kita boleh memahami siapa Bapa kita. Oleh itu, lazimnya kita akan cuba untuk hidup berpandukan Firman-Nya dan menyerupai-Nya.

Kita mungkin berasa bapa kita adalah bapa fizikal kita. Namun, jika kita terus mempercayai hal ini, bapa fizikal pertama kita adalah manusia pertama, Adam. Maka, kita boleh memahami bahawa Bapa sebenar kita adalah Tuhan yang mencipta manusia. Pada asalnya, benih kehidupan juga diberi oleh Tuhan. Dalam hal ini, bapa kita hanya berkongsi jasad mereka sebagai instrumen bagi benih tersebut digabungkan dan kita boleh dikandung.

Benih kehidupan dan kandungan

Tuhan memberikan benih kehidupan. Dia mengurniakan sperma kepada lelaki dan ovum kepada wanita agar mereka boleh melahirkan anak. Dalam hal ini, lelaki tidak boleh melahirkan anak dengan kebolehan mereka sendiri. Tuhan mengurniakan mereka benih kehidupan agar mereka juga boleh melahirkan anak.

Benih kehidupan mengandungi kuasa Tuhan yang boleh membentuk semua organ manusia. Ia terlalu kecil untuk dilihat dengan mata kasar, tetapi personaliti, penampilan, tabiat dan kuasa kehidupan terkumpul di dalamnya. Maka, apabila anak dilahirkan, mereka bukan setakat menyerupai penampilan tetapi juga personaliti ibu bapa mereka.

Jika lelaki mempunyai kebolehan untuk melahirkan anak, maka mengapa terdapat pasangan mandul yang sukar untuk mendapat zuriat? Kandungan milik Tuhan seorang. Kini, mereka melakukan persenyawaan artifisial di klinik, tetapi mereka tidak boleh mencipta sperma dan ovum. Kuasa ciptaan milik Tuhan seorang sahaja.

Ramai orang beriman, bukan dalam gereja kita sahaja tetapi juga dalam negara lain, mengalami kuasa ciptaan Tuhan ini. Terdapat ramai pasangan yang tidak boleh mempunyai zuriat dalam perkahwinan mereka buat masa yang lama, ada yang sampai 20 tahun. Mereka mencuba semua kaedah yang ada tetapi tiada hasil. Namun setelah menerima doa, ramai daripada mereka melahirkan anak yang sihat.

Beberapa tahun yang lalu, pasangan yang tinggal di Jepun hadir di mesyuarat kebangkitan dan menerima doa saya. Mereka bukan setakat disembuhkan daripada penyakit, mereka juga menerima rahmat kandungan. Penyebaran khabar sebegitu dan ramai lagi orang daripada Jepun datang untuk menerima doa saya. Mereka juga menerima rahmat kandungan mengikut iman mereka. Hal ini akhirnya menjadikan sebuah gereja cawangan menjadi mantap di rantau tersebut.

Tuhan sang Pencipta yang maha kuasa

Kini, kita melihat pembangunan sains perubatan sofistikated tetapi mencipta kehidupan hanya boleh terjadi dengan kuasa Tuhan, pentadbir seluruh kehidupan. Melalui kuasa-Nya, sesiapa yang menghembuskan nafas terakhir dibangkitkan semula; orang yang menerima hukuman mati daripada hospital disembuhkan; banyak penyakit yang tidak boleh sembuh yang tidak boleh disembuhkan oleh sains atau perubatan manusia.

Suara asli yang difirmankan oleh Tuhan boleh mencipta sesuatu daripada ketiadaan. Ia boleh menzahirkan kerja kekuasaan yang mana tiada apa-apa yang mustahil. Roma 1:20 menyatakan, "Semenjak Tuhan menciptakan dunia, sifat-sifat Tuhan yang tidak kelihatan, iaitu keadaan-Nya sebagai Tuhan dan kuasa-Nya yang abadi, sudah dapat difahami oleh manusia melalui semua yang telah diciptakan. Jadi manusia sama sekali tidak punya alasan untuk membenarkan diri." Hanya dengan melihat semua ini, kita boleh melihat kuasa dan sifat ilahi Tuhan sang Pencipta yang merupakan asal-usul segala perkara.

Jika manusia cuba memahami Tuhan dalam skop pengetahuan mereka sendiri, sudah tentu mereka akan mempunyai had. Disebabkan itulah ramai orang tidak mempercayai kata-kata yang tertulis dalam Injil. Selain itu, sesetengah orang berkata mereka tidak mempercayai semua kata-kata dalam Injil sepenuhnya. Disebabkan Yesus mengetahui situasi manusia ini, Dia mengesahkan kata-kata yang disampaikan-Nya dengan begitu banyak kerja yang berkuasa. Dia bersabda, "Jika kamu tidak melihat tanda dan mukjizat, kamu tidak percaya" (Yohanes 4:48).

Hal ini sama hingga kini. Tuhan itu maha kuasa. Jika kita beriman dengan Tuhan maha kuasa ini dan bergantung sepenuhnya kepada-Nya, sebarang masalah boleh diselesaikan dan sebarnag penyakit boleh disembuhkan.

Tuhan mula mencipta segala perkara dengan Firman-Nya dengan berkata, "Biar ada terang." Apabila suara asli Tuhan sang Pencipta bersuara, orang buta boleh melihat dan orang yang menaiki kerusi roda dan memakai tongkat akan berjalan dan melompat. Saya berharap agar anda menerima jawapan kepada semua doa dan harapan anda dengan iman apabila suara asli Tuhan disuarakan.

Emmanuel Marallano Yaipen (Lima, Peru)

Dibebaskan daripada ketakutan disebabkan AIDS

Saya menjalani pemeriksaan kesihatan untuk menyertai tentera pada tahun 2001 dan saya terdengar, "Anda disahkan positif HIV." Berita ini sangat tidak dijangka. Saya berasa dikutuk.

Saya tidak berasa cirit-birit yang kerap itu sesuatu yang serius.

Saya hanya terduduk di kerusi dan saya berasa sangat lemah.

'Bagaimana boleh saya beritahu ibu saya akan hal ini?'

Saya sakit, tetapi hati saya lebih hancur apabila teringat kepada ibu saya. Saya mengalami cirit-birit dengan lebih kerap dan terdapat kulat dalam mulut dan pada hujung jari saya. Ketakutan saya akan kematian semakin mengikat saya sedikit demi sedikit.
Tetapi, saya ada terdengar tentang hamba Tuhan yang berkuasa

daripada Korea Selatan yang datang ke Peru pada bulan Disember 2004. Namun, saya tidak dapat percaya yang penyakit saya akan disembuhkan.

Saya berputus asa, tetapi nenek saya mendesak saya untuk menghadiri perjuangan tersebut. Akhirnya, saya pergi ke 'Campo de Marte' di mana 'Perjuangan Bersatu Peru 2004 dengan Rev. Dr. Jaerock Lee' diadakan. Saya mahu berpegang dengan harapan terakhir ini.

Jasad saya sudah pun berasa teruja dengan kuasa Roh Kudus semasa mendengar mesejnya. Kerja Roh Kudus yang dizahirkan merupakan siri mukjizat.

Rev. Dr. Jaerock Lee tidak berdoa untuk setiap individu, tetapi dia hanya berdoa untuk semua orang. Namun begitu, masih ramai orang yang mengakui bahawa mereka disembuhkan. Ramai orang yang bangun daripada kerusi roda mereka dan membuang tongkat mereka. Ramai yang bergembira kerana penyakit yang tidak boleh disembuhkan mereka sembuh.

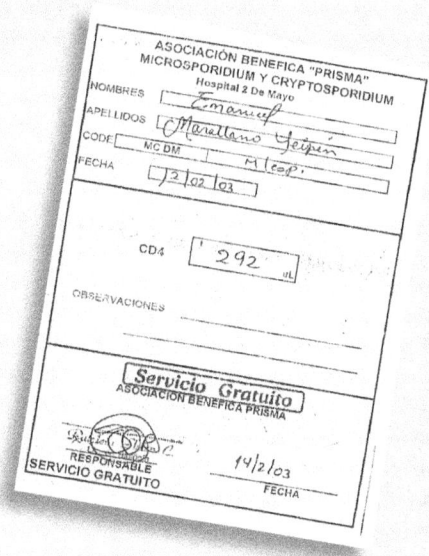

Keajaiban juga berlaku kepada saya. Saya pergi ke tandas selepas perjuangan berakhir, dan untuk pertama kalinya dalam tempoh yang lama saya membuang air kecil secara normal. Cirit-birit saya berhenti dalam tempoh dua bulan setengah. Tubuh saya berasa ringan. Saya pasti saya disembuhkan dan saya pergi ke hospital. Diagnosis menyatakan kiraan sel imun CD4 meningkat secara dramatik sehingga ia berada dalam lingkungan normal.

AIDS merupakan penyakit yang tidak boleh disembuhkan yang digelar Maut Hitam moden. HIV sering memusnahkan sel imun CD4. Hal ini menjurus kepada fungsi imun yang sangat rendah yang akan menyebabkan komplikasi lain dan akhirnya kematian.
Sel imun CD4 yang kian berkurang, dan betapa hebatnya sel ini dipulihkan dengan doa daripada Rev. Dr. Jaerock Lee.

Ekstrak daripada Perkara Luar Biasa

Bab 2 Syurga-syurga

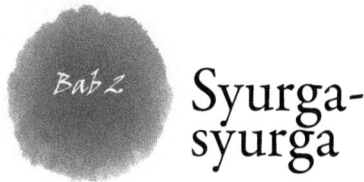

> Tuhan asli mendiami syurga keempat,
> mentadbir semua syurga,
> syurga pertama, syurga kedua,
> dan syurga ketiga.

Syurga yang banyak

Syurga pertama dan syurga kedua

Taman Eden

Syurga ketiga

Syurga keempat, ruang bersemayam Tuhan

Tuhan sang Pencipta, Maha Kuasa

Tuhan Maha Kuasa melangkaui had manusia

Bertemu dengan Tuhan sang Pencipta yang maha kuasa

"Hanya Engkau adalah TUHAN. Engkau telah menjadikan langit, ya langit segala langit dengan segala bala tenteranya, dan bumi dengan segala yang ada di atasnya, dan laut dengan segala yang ada di dalamnya. Engkau memberi hidup kepada semuanya itu dan bala tentera langit sujud menyembah kepada-Mu."

(Nehemia 9:6)

Tuhan melangkaui had manusia. Dia wujud sebelum abadi, sepanjang abadi. Dunia yang Dia diami adalah ruang yang merupakan dimensi yang benar-benar berbeza daripada dunia ini. Dunia boleh lihat yang didiami manusia adalah dunia fizikal dan ruang tempat Tuhan diami adalah dunia rohani. Dunia rohani sudah tentu wujud, tetapi hanya kerana ia boleh dilihat dengan mata kasar kita, ramai manusia cuba menafikan kewujudannya.

Angkasawan tertentu pada masa dahulu mengatakan, "Aku sudah mengembara ke alam semesta tetapi Tuhan tiada di situ." Betapa bodohnya kenyataan ini! Dia berasa alam semesta boleh lihat itu adalah segala-galanya. Bahkan ahli astronomi juga berkata alam semesta boleh lihat ini tiada batasnya. Maka berapa banyak alam semesta yang luas ini sudah dilihat oleh angkasawan yang berkata dia boleh menafikan kewujudan Tuhan? Disebabkan had manusia, kita tidak dapat pun menerangkan segala perkara dalam alam semesta yang kita diami.

Syurga yang banyak

Nehemia 9:6 menyatakan, "Hanya Engkau adalah TUHAN. Engkau telah menjadikan langit, ya langit segala langit dengan segala bala tenteranya, dan bumi dengan segala yang ada di atasnya, dan laut dengan segala yang ada di dalamnya. Engkau memberi hidup kepada semuanya itu dan bala tentera langit sujud menyembah kepada-Mu." Ia memberitahu kita bahawa syurga bukan satu sahaja tetapi ada banyak.

Maka, berapa banyak syurga yang ada sebenarnya? Jika anda percayakan kerajaan syurga, anda mungkin dapat berfikir tentang dua syurga. Salah satunya adalah di langit dalam dunia fizikal ini dan satu lagi dalam kerajaan syurga yang merupakan syurga dunia rohani. Namun Injil menyatakan sebilangan syurga di banyak tempat.

"Bagi Dia yang berkenderaan melintasi langit purbakala. Perhatikanlah, Dia memperdengarkan suara-Nya, suara-Nya yang dahsyat" (Mazmur 68:33).

"Tetapi, ya Tuhan, sungguhkah Engkau sudi tinggal di bumi ini? Langit seluruhnya pun tak cukup luas untuk-Mu, apalagi rumah ibadat yang aku bangunkan ini!" (1 Raja-raja 8:27)

"Aku tahu tentang seseorang dalam Kristus yang telah dibawa ke tingkat tiga dari syurga. Hal itu terjadi empat belas tahun yang lalu. Aku tidak tahu apakah orang itu ada di dalam tubuh atau di luar tubuhnya, tetapi Tuhan tahu." (2 Korintus 12:2).

Hawari Paulus dibawa ke syurga ketiga memberitahu kita bahawa terdapat syurga pertama, kedua dan ketiga dan mungkin ada lebih banyak syurga.

Selain itu, Stefanus juga berkata dalam Kisah Para Rasul 7:56, "Sungguh, aku melihat langit terbuka dan Anak Manusia berdiri di sebelah kanan Tuhan." Jika mata rohani manusia dibuka, mereka dapat melihat dunia rohani dan sedar akan kewujudan kerajaan syurga.

Kini, saintis pun berkata terdapat banyak langit. Salah satu saintis peneraju dalam subjek ini ialah Max Tegmark, seorang ahli kosmologi yang memperkenalkan konsep alam infiniti bertahap empat.

Secara ringkasnya, berdasarkan pemerhatian kosmologi, alam semesta kita merupakan sebahagian daripada seluruh alam semesta di mana pelbagai alam semesta wujud dan setiap alam semesta mungkin mempunyai ciri-ciri fizikal yang sangat berbeza.

Ciri fizikal yang berbeza bermakna ciri-ciri masa dan ruang

boleh jadi sangat berbeza. Sudah tentulah sains tidak boleh menerangkan segala-galanya tentang dunia rohani. Walau bagaimanapun, kita boleh sekurang-kurangnya mendapatkan sedikit daripada hakikat bahawa alam semesta kita bukanlah setakat ini sahaja, berbekalkan pendekatan saintifik.

Syurga pertama dan syurga kedua

Banyak syurga boleh dikategorikan secara umum dalam dua kategori kecil. Terdapat syurga dalam dunia rohani yang tidak boleh dilihat dengan mata kasar kita dan syurga dalam dunia fizikal yang kita diami. Alam fizikal yang kita diami merupakan syurga pertama dan daripada syurga kedua dan seterusnya ialah dunia rohani. Dalam syurga kedua, terdapat kawasan terang di mana Taman Eden terletak dan kawasan kegelapan yang didiami roh jahat.

Efesus 2:2 menyatakan roh jahat adalah 'putera kuasa udara' dan 'udara' ini milik syurga kedua. Kejadian 3:24 menyatakan bahawa Tuhan di sebelah timur Taman Eden menempatkan beberapa kerubin dengan pedang yang bernyala-nyala dan menyambar-nyambar, untuk menjaga jalan ke pohon kehidupan.

"Ia menghalau manusia itu dan di sebelah timur taman Eden ditempatkan-Nya beberapa kerubin dengan pedang yang bernyala-nyala dan menyambar-nyambar, untuk menjaga jalan ke pohon kehidupan."

Mengapa Tuhan meletakkannya di bahagian timur? Hal ini kerana 'timur' adalah seperti sempadan antara dunia roh jahat dan Taman Eden milik Tuhan. Tuhan menjaga Taman untuk menghalang roh jahat daripada memasuki Taman, memakan buah pohon kehidupan dan memperoleh kehidupan abadi.

Sebelum dia makan daripada pohon pengetahuan kebaikan dan kejahatan, Adam memegang kuasa yang dia terima daripada

Tuhan untuk memerintah Taman Eden dan segala perkara dalam syurga pertama. Namun Adam dihalau keluar daripada Taman kerana dia mengingkari Firman Tuhan dan makan daripada pohon pengetahuan. Sejak itu, orang lain perlu menjaga Taman Eden di mana pohon kehidupan terletak. Disebabkan itulah Tuhan meletakkan pokok kerubim dan pedang menyala yang berpaling di setiap arah menggantikan Adam untuk menjaga Taman tersebut.

Taman Eden

Dalam Kejadian bab 2, selepas Tuhan mencipta Adam daripada debu di bumi, Dia mencipta taman di Eden dan membawa Adam ke tempat tersebut. Adam merupakan 'makhluk hidup' atau 'roh hidup'. Dia merupakan makhluk rohani yang menerima nafas kehidupan daripada Tuhan. Disebabkan itulah Tuhan membawanya ke syurga kedua, yang merupakan ruang rohani untuknya tinggal di sana.

Tuhan juga merahmatinya untuk menundukkan dan memerintah segala-galanya sambil mengembara ke Bumi dalam syurga pertama. Namun, selepas Adam berdosa dengan ingkar kepada Tuhan, rohnya mati dan dia tidak dapat lagi tinggal dalam ruang rohani. Disebabkan itulah dia dihalau ke Bumi.

Bagi sesiapa yang tidak memahami hakikat ini, mereka akan masih cuba mencari Taman Eden di Bumi. Hal ini kerana mereka tidak memahami bahawa Taman Eden terletak di syurga kedua, dunia rohani dan bukan dalam dunia fizikal.

Piramid di Giza, Mesir merupakan salah satu keajaiban di dunia yang sofistikated dan hebat sehinggakan tahap mereka kelihatan seperti tidak dibina dengan teknologi manusia. Berat purata setiap bongkah batu seberat 2.5 tan. Terdapat 2.3 juta bongkah batu yang membina piramid tersebut. Dari mana mereka memperoleh semua batu ini? Selain itu, apa jenis alatan yang mereka gunakan untuk membinanya pada waktu tersebut?

Siapa pula yang membina piramid ini? Soalan ini boleh dijawab dengan mudah jika kita memahami tentang syurga yang banyak dan ruang rohani. Butiran lanjut diterangkan dalam syarahan Kejadian.

Setelah Adam dihalau keluar daripada Taman Eden disebabkan keingkarannya, siapa yang tinggal dalam Taman? Dalam Kejadian 3:16, Tuhan memerintahkan Hawa selepas dia berdosa , "Aku akan membuat banyak kesulitan kepadamu ketika engkau mengandung. Dan ketika engkau melahirkan anak, engkau akan mengalami banyak kesakitan." 'Membuat banyak' bermakna akan adanya kesakitan semasa melahirkan anak dan ia akan ditingkatkan dengan hebatnya. Selain itu, Kejadian 1:28 memberitahu kita bahawa Adam dan Hawa 'membuat banyak', bermakna Hawa melahirkan anak semasa mereka masih tinggal di Taman Eden.

Oleh itu, bilangan anak Adam dan Hawa di Taman Eden tidak terkira bilangannya. Mereka masih tinggal di sana walaupun setelah Adam dan Hawa dihalau keluar disebabkan dosa mereka. Sebelum Adam membuat dosa, manusia di Taman Eden boleh mengembara ke Bumi dengan bebas, tetapi sekatan dilakukan setelah Adam dihalau keluar.

Konse masa dan ruang antara syurga pertama dan syurga kedua sangat berbeza. Terdapat aliran masa di syurga kedua juga, tetapi tidak terhad seperti syurga pertama, iaitu dunia fizikal kita. Di Taman Eden, tiada sesiapa yang menua atau mati. Tiada yang hancur atau pupus. Walaupun setelah tempoh masa yang lama, manusia di Taman Eden tidak berasa perbezaan masa yang banyak. Mereka berasa bagaikan mereka hidup dalam waktu yang tidak mengalir. Selain itu, ruang di Eden juga tiada had.

Jika manusia tidak mati di syurga pertama, ia akan dipenuhi dengan manusia suatu hari nanti. Namun disebabkan syurga kedua mempunyai ruang tanpa had, ia tidak akan dipenuhi dengan orang tanpa mengira berapa ramai yang dilahirkan.

Syurga ketiga

Terdapat syurga lain yang terletak di dunia rohani. Ia merupakan syurga ketiga di mana kerajaan syurga terletak. Ia merupakan tempat anak Tuhan yang diselamatkan akan hidup selama-lamanya. Hawari Paulus menerima wahyu dan bayangan yang jelas daripada Tuhan dan dia berkata dalam 2 Korintus 12:2-4, "Aku tahu tentang seseorang dalam Kristus yang telah dibawa ke tingkat tiga dari syurga. Hal itu terjadi empat belas tahun yang lalu. Aku tidak tahu apakah orang itu ada di dalam tubuh atau di luar tubuhnya, tetapi Tuhan tahu. Dan aku tahu bahawa ia dibawa ke Syurga. Aku tidak tahu apakah ia di dalam tubuhnya atau di luar tubuhnya. Ia telah mendengar suara yang tidak dapat dijelaskan dan yang tidak ada seorang pun yang dibolehkan menceritakannya."

Sama seperti wujudnya ibu negara bagi setiap negara dan bandar lain yang lebih kecil dan pekan yang lebih kecil, terdapat banyak tempat kediaman dalam kerajaan syurga dan juga permulaan daripada bandar Yerusalem Baharu, tempat takhta Tuhan terletak, hingga Syurga yang boleh dianggap sebagai kawasan luar kerajaan syurga. Tempat kediaman kita akan menjadi berbeza bergantung kepada tahap kita mengasihi Tuhan dan tahap kita menyemai hati kebenaran dan memperoleh imej Tuhan yang hilang di bumi ini.

Syurga ketiga mempunyai masa dan ruang tanpa had berbanding dengan syurga kedua. Ia mempunyai waktu abadi dan ruang tanpa had. Sukar untuk manusia yang tinggal di syurga pertama untuk memahami ruang dan waktu kerajaan syurga. Mari bayangkan belon. Sebelum anda meniupkan angin ke dalamnya, kawasan dan isipadu belon terhad. Tetapi ia boleh berubah dengan drastik bergantung pada jumlah angin yang anda tiup ke dalam. Ruang dalam kerajaan syurga lebih kurang sama. Apabila kita membina rumah di bumi ini, kita memerlukan sebidang tanah dan ruang yang boleh kita bina di tanah itu adalah terhad. Namun dalam ruang syurga ketiga, rumah boleh dibina dalam cara yang sangat berbeza berbanding di bumi kerana konsep kawasan, isipadu atau ketinggian melampaui semuanya di bumi.

Syurga keempat, ruang bersemayam Tuhan

Syurga keempat merupakan ruang asal di mana Tuhan wujud sebelum permulaan, sebelum Dia membahagikan seluruh alam semesta kepada beberapa syurga. Di syurga keempat, tidak ada gunanya menggunakan konsep masa dan ruang. Syurga keempat melangkaui setiap konsep masa dan ruang dan di tempat tersebut, segala-gala yang Tuhan ingini dalam minda-Nya akan dilakukan dengan segera seperti yang diingini.

Tuhan yang dibangkitkan muncul di hadapan para pengikut-Nya yang takut akan orang Yahudi dan bersembunyi dalam rumah dengan semua pintu yang terkunci (Yohanes 20:19-29). Dia muncul di tengah-tengah rumah walaupun tiada sesiapa membuka pintu untuk-Nya. Dia juga muncul secara tiba-tiba di hadapan para pengikut-Nya yang berada di Galilea dan makan bersama mereka (Yohanes 21:1-14). Dia berada di bumi selama empat puluh hari dan naik ke Syurga melalui awan sambil disaksikan ramai orang. Kita boleh lihat Yesus Kristus yang dibangkitkan boleh melampaui ruang dan masa fizikal.

Maka, betapa hebatnya lagi perkara di syurga keempat di mana asalnya tempat Tuhan bersemayam? Sama seperti Dia melindungi dan mentadbir semua ruang dalam alam semesta semasa wujud sebagai Terang yang mengandungi Suara, Dia memerintah seluruh syurga pertama, syurga kedua dan syurga ketiga sambil bersemayam di syurga keempat.

Tuhan sang Pencipta, Maha Kuasa

Bumi tempat manusia tinggal hanyalah sekecil debu berbanding dengan syurga lain yang luas dan misteri. Di bumi, manusia melakukan segala-galanya yang mungkin untuk menjalani kehidupan yang lebih baik melalui semua jenis kesusahan dan kesukaran. Bagi mereka, perkara di dunia ini begitu kompleks dan masalah sukar untuk diselesaikan, tetapi tiada siapa dalam kalangan mereka memberikan masalah kepada Tuhan.

Bayangkan seorang manusia yang melihat dunia semut. Kadangkala sangat sukar untuk semut membawa makanan. Namun, manusia boleh meletakkan makanan tersebut dalam sarang semut dengan sangat mudah. Jika seekor semut terjumpa lopak air yang terlalu besar untuk diseberanginya, manusia boleh memegangnya dengan tangan dan memindahkan semut tersebut ke tanah di seberang. Tanpa mengira betapa sukar sebarang masalah kepada semut, ia masalah yang kecil bagi manusia. Sama juga, dengan bantuan Tuhan Maha Kuasa, tiada apa-apa menjadi masalah.

Perjanjian Lama menyaksikan kekuasaan Tuhan banyak kali. Dengan maha kuasa Tuhan, Laut Merah terbelah dan banjir Sungai Yordan berhenti. Matahari dan bulan berhenti berputar dan apabila Musa memukul batu dengan tongkatnya, air mencurah keluar daripada batu tersebut. Tanpa mengira betapa hebatnya kuasa dan kekayaan dan betapa banyak pengetahuan yang dimiliki manusia, adakah mungkin bagi dia membelah laut dan menghentikan putaran matahari dan bulan? Namun Yesus bersabda dalam Markus 10:27, "Apa yang tidak mungkin bagi manusia, mungkin bagi Tuhan. Semuanya dapat dilakukan Tuhan."

Perjanjian Baharu juga memberikan banyak kes di mana orang sakit dan lumpuh disembuhkan dan dijadikan sempurna, malah orang mati pun dihidupkan semula dengan kuasa Tuhan. Apabila sapu tangan atau apron yang disentuh Paulus dibawa kepada orang sakit, penyakit dan roh jahat meninggalkan mereka.

Tuhan Maha Kuasa melangkaui had manusia

Sehingga kini pun, jika kita boleh mendapatkan bantuan kuasa Tuhan, tiada masalah akan timbul. Masalah yang tampak sangat sukar pun tidak akan menjadi masalah lagi. Hal ini terbukti setiap minggu di gereja yang saya hadiri. Begitu banyak penyakit yang tidak boleh sembuh termasuk AIDS disembuhkan kerana orang beriman mendengar Firman Tuhan dalam penyembahan dan menerima doa penyembuhan.

Hal ini tidak berlaku di Korea Selatan sahaja, tetapi juga tak terkira ramainya orang di dunia yang sudah mengalami kerja penyembuhan hebat yang tertulis dalam Injil. Kerja sebegitu pernah diperkenalkan di CNN. Selain itu, kami mempunyai pastor pembantu yang berdoa dengan sapu tangan yang saya gunakan untuk berdoa. Melalui doa sebegitu, kerja yang menakjubkan penyembuhan ilahi berlaku melampaui bangsa dan budaya.

Bagi saya juga, semua masalah hidup saya selesai selepas saya bertemu dengan Tuhan sang Pencipta. Begitu banyak penyakit yang menimpa saya sehinggakan saya digelar "kedai beli-belah penyakit." Tiada keamanan dalam keluarga. Saya tidak dapat melihat sekelumit pun harapan. Namun saya disembuhkan daripada semua penyakit saya pada waktu saya melutut di gereja. Tuhan merahmati saya untuk membayar semula hutang wang saya. Hutang saya begitu banyak sehingga ia tampak mustahil untuk saya membayar semula dalam jangka hidup saya tetapi ia dibayar semula hanya dalam beberapa bulan. Keluarga saya menemui kegembiraan dan kebahagiaan semula. Paling penting sekali, Tuhan menyeru nama saya untuk menjadi pastor dan memberikan saya kuasa-Nya untuk menyelamatkan ramai jiwa.

Kini, ramai orang berkata mereka beriman dengan Tuhan tetapi hanya sedikit sahaja yang hidup dengan iman yang sejati. Jika mereka mengalami masalah, kebanyakan daripada mereka bergantung kepada cara manusia berbanding Tuhan. Mereka kecewa dan berasa hilang semangat apabila masalah mereka tidak diselesaikan dengan cara mereka sendiri. Jika mereka jatuh sakit, mereka tidak meminta kepada Tuhan, tetapi bergantung kepada doktor di hospital. Jika mereka mengalami kesulitan dalam perniagaan, mereka mencari bantuan di sini dan sana.

Sesetengah orang beriman mengadu kepada Tuhan atau hilang iman disebabkan kesukaran fizikal. Mereka menjadi tidak stabil dalam iman mereka dan hilang kepenuhan jika mereka dihukum atau apabila mereka berharap akan kerugian disebabkan berlaku salih. Walau bagaimanapun, jika mereka beriman bahawa Tuhan mencipta segala syurga dan Dia menjadikan segala-galanya mungkin, mereka sudah tentu tidak akan berbuat demikian.

Tuhan mencipta segala jenis organ dalaman manusia. Adakah mana-mana jenis penyakit serius yang tidak boleh disembuhkan Tuhan? Tuhan berfirman, "Segala emas dan perak di dunia ini adalah milik-Ku" (Hagai 2:8). Bolehkah Dia tidak menjadikan anak-Nya kaya? Tuhan boleh melakukan segala-galanya, tetapi manusia berasa putus asa atau kecewa dan menjauhi kebenaran kerana mereka tidak meyakini Tuhan Maha Kuasa. Tanpa mengira jenis masalah yang dimiliki seseorang, dia boleh menyelesaikannya pada bila-bila masa jika dia benar-benar meyakini Tuhan daripada hatinya dan bergantung kepada-Nya.

Bertemu dengan Tuhan sang Pencipta yang maha kuasa

Kisah komander Naaman dalam 2 Raja-raja Bab 5 mengajar kita tentang cara untuk menerima jawapan kepada masalah daripada Tuhan Maha Kuasa. Naaman merupakan komander tentera Aram, tetapi dia tidak dapat berbuat apa-apa tentang penyakit kustanya.

Pada suatu hari dia terdengar daripada seorang pembantu rumah Ibrani tentang kuasa Tuhan yang nabi Israel, Elisa lakukan. Dia seorang lelaki bukan Yahudi yang tidak beriman dengan Tuhan, tetapi dia tidak mengabaikan kata-kata perempuan muda itu kerana hatinya yang baik. Dia menyediakan persembahan bernilai untuk bertemu dengan Elisa, manusia Tuhan dan memulakan perjalanan yang lama. Namun apabila dia datang ke rumah Elisa, nabi tersebut tidak berdoa mahupun mengalu-alukan kedatangannya. Nabi itu hanya membenarkan hambanya menyampaikan pesanan kepadanya untuk mandi di Sungai Yordan tujuh kali. Pada mulanya dia berasa tersinggung, tetapi tidak lama selepas itu dia mengubah fikiran dan akur. Walaupun tindakan mahupun kata-kata Elisa masuk akal dengan cara pemikirannya, dia mempercayai dan akur kerana nabi Tuhan yang melakukan keajaiban dengan kuasa Tuhan telah berkata-kata.

Apabila Naaman merendam dirinya dalam Yordan sebanyak tujuh kali, penyakit kustanya dengan ajaib sembuh sepenuhnya. Maka, apakah yang melambangkan tindakan merendam tubuhnya dalam Yordan? Air ialah Firman Tuhan. Hal ini bermakna seseorang boleh diampuni dosa mereka jika mereka membersihkan perkara kotor dalam hati dengan Firman Tuhan, dengan cara dia membersihkan tubuhnya dengan air. Disebabkan nombor tujuh mewakili kesempurnaan, merendamkan diri sebanyak tujuh kali menandakan bahawa dia diampuni sepenuhnya.

Seperti yang diterangkan, untuk manusia menerima jawapan daripada Tuhan maha kuasa, laluan komunikasi perlu dibuka antara Tuhan dan kita dengan mengampuni dosa kita. Yesayah 59:1-2 ada menyatakan, "Sesungguhnya, tangan TUHAN tidak kurang panjang untuk menyelamatkan, dan pendengaran-Nya tidak kurang tajam untuk mendengar. Tetapi yang merupakan pemisah antara kamu dan Tuhanmu ialah segala kejahatanmu, dan yang membuat Dia menyembunyikan diri terhadap kamu, sehingga Dia tidak mendengar, ialah segala dosamu."

Jika kita tidak mengenali Tuhan dan belum menerima Yesus Kristus, kita perlu bertaubat kerana tidak menerima Yesus Kristus (Yohanes 16:9). Tuhan berkata kita pembunuh jika kita membenci saudara kita (1 Yohanes 3:15) dan kita perlu bertaubat kerana tidak menyayangi saudara kita. Yakobus 4:2-3 menyatakan, "Kamu mengingini sesuatu, tetapi kamu tidak memperolehnya, lalu kamu membunuh. Kamu iri hati, tetapi kamu tidak mencapai tujuanmu, lalu kamu bertengkar dan kamu berkelahi. Kamu tidak memperoleh apa-apa, kerana kamu tidak berdoa. Atau kamu berdoa juga, tetapi kamu tidak menerima apa-apa, kerana kamu salah berdoa, sebab yang kamu minta itu hendak kamu habiskan untuk memuaskan hawa nafsumu." Oleh itu, kita perlu bertaubat akan berdoa dengan tamak dan berdoa dengan ragu-ragu (Yakobus 1:6-7).

Selain itu, jika kita tidak mengamalkan Firman Tuhan sambil mengakui keimanan, kita perlu bertaubat sepenuhnya. Kita tidak boleh setakat berkata maaf. Kita perlu memberi hati kita sepenuhnya sambil menitiskan air mata dengan hidung yang meleleh. Taubat kita boleh dianggap taubat sebenar hanya apabila kita mempunyai keazaman teguh untuk hidup dengan Firman Tuhan dan benar-benar mengamalkannya.

Ulangan 32:39 menyatakan, "Sekarang lihatlah bahawa Aku, Aku sendirilah Tuhan. Tidak ada Tuhan yang lain. Aku yang mematikan dan yang menghidupkan orang. Aku dapat melukai orang dan dapat menyembuhkannya. Tidak ada orang yang dapat menyelamatkan orang lain dari kuasa-Ku." Inilah Tuhan yang kita imani.

Tuhan yang mencipta segala syurga dan segala-gala di dalamnya. Dia mengetahui situasi kita. Dia cukup berkuasa untuk memakbulkan semua doa kita. Tanpa mengira betapa terdesak atau betapa tertekannya situasi tersebut untuk manusia, Dia boleh menukar segala-galanya seperti membalikkan syiling. Oleh itu, saya berharap anda akan menerima jawapan bagi doa dan keinginan hati anda dengan memiliki iman sejati untuk bergantung kepada Tuhan sahaja.

Dr. Vitaliy Fishberg (New York City, Amerika Syarikat)

Pada babak Keajaiban

Sebelum saya berijazah daripada sekoleh perubatan Moldova, saya merupakan penyunting kanan jurnal perubatan, 'Doktor Keluarga Anda' yang dikenali di Moldova, Ukraine, Rusia dan Belarus. Pada tahun 1997, saya berpindah ke AS. Saya memperoleh doktor falsafah dalam Perubatan Naturopati, PHD dalam Perubatan Nutrisi Klinikal dan Integrasi, Doktor Falsafah dalam Perubatan Alternatif, Doktor Falsafah dalam Perubatan Ortomolekular dan Doktor Falsafah Kehormat dalam Sains Kesihatan Semula Jadi. Apabila saya tiba di New York selepas belajar, saya menjadi begitu masyhur dalam kalangan masyarakat Rusia dan banyak akhbar yang menerbitkan artikel saya setiap minggu. Pada tahun 2006, saya terdengar adanya mesyuarat penganut Kristian yang besar di Madison Square Garden. Saya berpeluang untuk bertemu dengan delegasi gereja Manmin dan saya berasa kuasa Roh Kudus melalui mereka. Dua minggu kemudian saya menghadiri perjuangan.

Rev. Dr. Jaerock Lee berdoa bagi para hadirin setelah memberi ceramah akan sebab Yesus ialah Penyelamat kita. "Tuhan, sembuhkan mereka! Bapa, Tuhan, jika apa yang saya sampaikan tidak benar, biar saya melakukan sebarang kerja berkuasa malam ini! Namun jika ia benar, biarlah ramai jiwa ini melihat bukti Tuhan hidup. Biar orang yang tempang berjalan! Biar orang yang pekak mendengar! Semua

penyakit yang tidak boleh sembuh, dibakar dengan api Roh Kudus dan menjadi sihat!"
Saya terkejut mendengar doa sebegitu. Apa akan terjadi jika tiada penyembuhan ilahi berlaku? Bagaimana dia boleh berdoa dengan sebegitu yakin? Namun perkara hebat sudah pun berlaku sebelum doa untuk orang sakit berakhir. Orang yang menderita daripada roh jahat dibebaskan. Orang bisu boleh bercakap. Orang buta boleh melihat. Ramai orang yang mengaku kecacatan pendengaran mereka disembuhkan. Ramai orang yang bangun daripada kerusi roda mereka dan membuang tongkat mereka. Sesetengah daripada mereka mengakui mereka disembuhkan daripada AIDS.
Apabila perjuangan berlarutan, kuasa Tuhan ditunjukkan dengan lebih hebat. Doktor bagi Rangkaian Doktor Kristian Dunia, WCDN yang datang daripada banyak negara, menyusun meja untuk menerima testimoni. Mereka cuba untuk mengesahkan testimoni dari segi perubatan dan pada penghujungnya, kami kekurangan doktor yang boleh mendaftarkan semua orang yang mengaku disembuhkan!

Nubia Cano, seorang wanita tua berumur 54 tahun yang tinggal di Queens disahkan menghidap kanser tulang belakang pada tahun 2003. Dia tidak dapat bergerak mahupun berjalan. Dia menghabiskan seluruh masanya di atas katil dan kesakitan yang begitu hebat memaksa dia untuk mengambil suntikan morfin setiap 2 jam. Doktor memberitahu dia bahawa dia tidak akan dapat berjalan lagi.
Apabila dia menghadiri "Perjuangan New York 2006 dengan Rev. Dr. Jaerock Lee" dengan seorang rakan, dia melihat ramai orang menerima penyembuhan Tuhan dan dia mula beriman. Apabila dia menerima doa Rev. Lee, dia merasai kehangatan melalui tubuhnya dan berasa seperti seseorang mengurut belakang badannya. Kesakitan di belakang badannya hilang dan sejak perjuangan tersebut, dia dapat berjalan dan membengkokkan pinggangnya! Doktornya benar-benar terkejut untuk melihat dia yang dikatakan tidak akan berjalan lagi, berjalan sebebas mungkin. Dia sampai boleh menari mengikut lagu Merengue sekarang.

Doktor perubatan WCDN mengesahkan testimoni

Maximilia Rodriguez tinggal di Brooklyn dan mempunyai penglihatan yang sangat teruk. Dia memakai kanta lekap selama 14 tahun dan cermin mata selama 2 tahun yang lepas. Pada hari terakhir perjuangan, dia menerima doa Dr Jaerock Lee dengan iman dan dengan segera sedar bahawa dia boleh mula melihat tanpa cermin matanya. Kini, dia boleh membaca tulisan paling kecil dalam kitab Injil miliknya tanpa bantuan cermin mata. Pakar oftalmologinya sangat terkejut akan apa yang disaksikan selepas sedar dan mengesahkan bahawa terdapat peningkatan yang tidak boleh disangkal pada penglihatannya.

Madison Square Garden, di mana perjuangan diadakan pada Julai 2006 merupakan babak yang dipenuhi keajaiban. Saya begitu tersentuh hati menyaksikan kuasa Tuhan. Kuasanya mengubah saya dan membenarkan saya melihat jalan kehidupan yang baharu. Saya tekad untuk menjadi instrumen Tuhan untuk membuktikan kerja penyembuhan Tuhan dari segi perubatan dan menyebarkan khabar ini ke seluruh dunia.

- Ekstrak daripada Perkara Luar Biasa-

Bab 3 Tuhan Triniti

> Tuhan yang kami percaya ialah Tuhan yang esa. Namun Dia mempunyai tiga orang di dalam-Nya: Bapa, Anak, dan Roh Kudus.

Rezeki Tuhan untuk penyemaian manusia
Sifat dan perintah Tuhan Triniti
Peranan Tuhan Triniti
Yesus, Anak yang membuka jalan penyelamatan
Roh Kudus melengkapkan penyelamatan
Jangan memadam Roh
Tuhan iaitu Bapa, Pengarah penyemaian manusia
Tuhan Triniti memenuhi rezeki penyelamatan
Menafikan Tuhan Triniti dan kerja-kerja Roh Kudus

"Pergilah dan jadikan murid-murid dari semua bangsa, baptislah mereka dalam nama Bapa dan Anak serta Roh Kudus."

(Matius 28:19)

Tuhan Triniti bermakna bahawa Tuhan iaitu Bapa, Tuhan si Anak dan Tuhan Roh Kudus adalah satu. Tuhan yang kami percaya ialah Tuhan yang esa. Namun Dia memiliki Tiga Orang di dalam-Nya: Bapa, Anak, dan Roh Kudus. Oleh kerana Ia adalah satu, kita menyebut 'Tuhan Tritunggal' atau 'Tuhan Triniti'.

Ini merupakan doktrin yang sangat penting dalam agama Kristian, tetapi ramai orang tidak mampu menerangkan perkara ini dengan tepat dan terperinci. Ini kerana manusia yang memiliki pemikiran dan teori yang terhad sukar untuk memahami asal-usul Tuhan maha Pencipta. Namun apabila kita memahami Tuhan Triniti, kita dapat memahami hati-Nya dan menerima rahmat dan jawapan kepada doa kita secara komunikasi dengan-Nya dengan jelas.

Rezeki Tuhan untuk penyemaian manusia

Tuhan telah berfirman dalam Keluaran 3:14, "AKU ADALAH AKU." Tiada siapa yang melahirkan-Nya atau mencipta-Nya. Dia wujud sejak dari permulaan. Dia di luar pemahaman atau imaginasi manusia; Dia tidak mempunyai permulaan atau pengakhiran; Dia hanya wujud dari sebelum keabadian selama-lamanya. Seperti yang dijelaskan di atas, Tuhan wujud berseorangan sebagai cahaya dengan suara di ruang yang luas (Yohanes 1:1; 1 Yohanes 1:5). Namun pada suatu masa Dia mahu mempunyai seseorang yang boleh berkongsi cinta, dan Dia merancang penyemaian manusia untuk mendapatkan anak-anak sebenar.

Untuk menjalankan penyemaian manusia, pertama sekali Tuhan membahagikan ruang. Dia membahagikan ruang ke dalam ruang yang rohani dan ruang fizikal di mana manusia dengan badan fizikal dapat hidup. Selepas itu, Dia datang wujud sebagai Tuhan Triniti. Asal Tuhan dapat wujud dalam tiga orang yang terdiri dari Bapa, Anak, dan Roh Kudus.

Al-kitab mengatakan bahawa Tuhan iaitu Anak Yesus Kristus telah lahir dari Tuhan (Kisah Para Rasul 13:33), dan Yohanes 15:26 dan Galatia 4:6 mengatakan Roh Kudus juga datang dari Tuhan. Seperti mewujudkan alter ego, Anak iaitu Yesus dan Roh Kudus datang dari Tuhan si Bapa. Ini sangat diperlukan untuk penyemaian manusia.

Yesus iaitu Anak dan Roh Kudus bukan makhluk yang diciptakan oleh Tuhan, tetapi Mereka berasal dari Tuhan. Asalnya mereka adalah satu, tetapi Mereka wujud secara bebas untuk penyemaian manusia. Peranan Mereka berbeza tetapi Mereka bersatu dalam hati, pemikiran, dan kuasa, dan itulah sebabnya kita katakan Mereka Tuhan Triniti.

Sifat dan perintah Tuhan Triniti

Sama seperti Tuhan Bapa, yaitu Yesus iaitu Anak dan Roh Kudus juga berkuasa. Tambahan lagi, Yesus Anak dan Roh Kudus merasakan dan menginginkan kemahuan Tuhan Bapa. Sama juga, Tuhan Bapa merasakan kegembiraan dan kesakitan yang dirasai oleh Yesus si Anak dan Roh Kudus. Bahkan, Mereka ini adalah entiti bebas yang mempunyai watak-watak yang bebas dan Peranan Mereka juga berbeza.

Dari sudut yang lain, Yesus si Anak telah menerima hati yang sama dengan Tuhan Bapa, tetapi keilahian-Nya adalah lebih kuat daripada kemanusiaan-Nya. Oleh itu maruah kesucian dan keadilan-Nya lebih menonjol. Sebaliknya, dalam kes Roh Kudus, kemanusiaan-Nya lebih kuat. Watak-Nya yang lembut, baik hati, penyayang, dan belas kasihan lebih menonjol.

Seperti yang dijelaskan, Tuhan si Anak dan Tuhan Roh Kudus berasal dengan Tuhan Bapa, tetapi Mereka adalah entiti bebas dengan watak yang boleh dibezakan. Peranan Mereka juga berbeza mengikut perintah. Selepas Tuhan Bapa adalah Yesus Kristus si

Anak dan Roh Kudus adalah selepas Anak. Dia berkhidmat untuk Anak dan Bapa dengan kasih.

Peranan Tuhan Triniti

Tiga Orang dari Triniti menjalankan kementerian penyemaian manusia bersama-sama. Setiap dari Tiga Orang memainkan peranan-Nya, tetapi kadang-kala Mereka melakukan kementerian bersama pada tahap yang paling penting dalam penyemaian manusia.

Sebagai contoh, Kejadian 1:26 berkata, "Kemudian Tuhan berkata, 'Mari jadikan manusia dalam imej Kami, mengikut kesamaan Kami;" Kita dapat membuat kesimpulan bahawa Tuhan Triniti bersama-sama mencipta manusia untuk mempunyai kesamaan dengan Mereka. Tambahan lagi, ketika Tuhan turun untuk memeriksa Menara Babel, Tiga Orang berada di sana. Apabila manusia mula membina Menara Babel dengan keinginan untuk menjadi seperti Tuhan, Tuhan Triniti mengelirukan bahasa mereka.

Ia berkata dalam Kejadian 11:7, "Marilah Kita turun dan mengelirukan bahasa mereka di sana, sehingga mereka tidak akan mengerti lagi." Di sini, 'Kami' adalah kata ganti jamak, dan kita dapat melihat Tiga Orang dari Tuhan Triniti bersama-sama. Seperti yang dijelaskan, Tiga Orang kadang-kadang bekerja sebagai satu, tetapi sebenarnya Mereka melaksanakan peranan yang berasingan supaya rezeki penyemaian manusia akan siap bermula dari Penciptaan sehingga penyelamatan manusia. Sekarang, apakah peranan yang dimiliki setiap Seorang dari Triniti?

Yesus, Anak yang membuka jalan penyelamatan

Peranan Anak Yesus adalah untuk menjadi Juruselamat dan

membuka jalan keselamatan bagi orang berdosa. Sejak Adam tidak patuh dan makan buah yang dilarang oleh Tuhan, dosa masuk ke dalam manusia. Sekarang, manusia amat memerlukan keselamatan. Dan mereka pasti akan jatuh ke kematian yang kekal, api neraka, menurut undang-undang alam rohani mengatakan bahawa upah dosa ialah maut. Walau bagaimanapun, Yesus, Anak Tuhan, membayar hukuman mati bagi orang berdosa, supaya mereka tidak jatuh ke dalam neraka.

Sekarang, mengapa Yesus si Anak perlu menjadi Juruselamat bagi semua manusia? Sama seperti setiap negara mempunyai undang-undang tersendiri, alam rohani juga mempunyai undang-undang sendiri, dan bukan hanya sesiapa sahaja boleh menjadi Juruselamat. Seseorang itu dapat membuka jalan keselamatan hanya selepas dia memenuhi semua kelayakan itu. Jadi, apakah keperluan untuk menjadi Juruselamat dan membuka jalan keselamatan bagi manusia yang ditakdirkan mati kerana dosa?

Pertama sekali, Penyelamat mestilah seorang manusia. 1 Korintus 15:21 menyatakan, "Sebab sama seperti maut datang kerana seorang manusia, demikian juga kebangkitan orang mati berlaku kerana seorang manusia." Seperti yang tertulis, kematian datang kerana Adam yang melanggar perintah, keselamatan juga mesti datang melalui seorang manusia seperti Adam.

Kedua, Juruselamat tidak boleh dari keturunan Adam. Semua keturunan Adam adalah pelaku dosa yang dilahirkan dengan dosa asal yang diwarisi dari bapa mereka. Tiada keturunan dari Adam dapat menjadi Juruselamat. Namun Yesus dikandung oleh Roh Kudus, dan Dia bukan dari keturunan Adam. Dia tidak memiliki dosa asal yang diwarisi dari ibu bapa (Matius 1:18-21).

Ketiga, Juruselamat mesti mempunyai kuasa. Untuk menebus

pelaku dosa dari musuh iaitu syaitan, Juruselamat perlu memiliki kuasa dan kuasa rohani untuk menjadi tidak berdosa. Dia tidak boleh memiliki dosa asal, dan Dia mesti tidak melakukan sebarang dosa dan mematuhi Firman Tuhan sepenuhnya. Dia mesti bebas dari sebarang kotoran atau cacat cela.

Akhir sekali, Juruselamat mesti mempunyai kasih sayang. Malah jika seseorang itu memenuhi ketiga-tiga kelayakan di atas, ia tidak akan mati untuk dosa orang lain jika dia tidak mempunyai cinta. Justeru itu, manusia tidak akan dapat diselamatkan. Oleh itu, Juruselamat mesti mempunyai cinta untuk menerima hukuman mati bagi manusia yang berdosa.

Filem, 'The Passion of Christ' menggambarkan penderitaan Yesus dengan baik. Yesus disebat dan kulit-nya terbuka. Tangan dan kaki-Nya dipaku dan Dia memakai duri di atas kepala-Nya. Dia digantung di atas salib dan apabila dia menghembuskan nafas terakhir-Nya, Dia telah ditikam di sisi dan Dia menumpahkan semua air dan darah-Nya. Dia telah mengambil segala penderitaan untuk membebaskan kita dari segala kesalahan, dosa-dosa, penyakit, dan kelemahan.

Sejak Adam melakukan dosa, tiada manusia yang memenuhi semua kelayakan itu. Paling penting, keturunan Adam mewarisi dosa asal, iaitu sifat berdosa daripada nenek moyang mereka semasa dilahirkan. Dan tiada manusia yang hidup mengikut undang-undang Tuhan sepenuhnya dan tiada orang yang tidak berbuat dosa sama sekali. Seorang lelaki dalam hutang yang besar tidak dapat membayar hutang orang lain. Dengan cara yang sama, orang berdosa yang mempunyai dosa asal dan dosa ang dilakukan sendiri tidak dapat menyelamatkan pelaku dosa yang lain. Sebab itu Tuhan menyediakan rahsia yang tersembunyi sejak sebelum zaman, iaitu Yesus Anak Tuhan.

Yesus memenuhi semua kelayakan bagi Juruselamat. Dia dilahirkan di bumi dengan tubuh manusia, tetapi dia tidak dihasilkan oleh gabungan sperma lelaki dan ovari wanita. Maria si Perawan bersama dengan anak melalui Roh Kudus. Jadi, Yesus bukanlah keturunan Adam dan tidak memiliki dosa asal. Dan Dia mematuhi Perintah Tuhan sepenuhnya dan tidak melakukan sebarang dosa sepanjang hidup-Nya.

Yesus yang layak ini telah disalib dengan mengorbankan cinta untuk pelaku dosa. Justeru itu, manusia mendapat jalan untuk diampunkan dosa mereka melalui darah-Nya. Jika Yesus tidak menjadi Juruselamat. semua manusia sejak Adam akan jatuh ke dalam Neraka. Tambahan pula, jika semua orang telah jatuh ke dalam Neraka, matlamat penyemaian manusia tidak dapat dicapai. Ini bermakna tiada siapa dapat memasuki kerajaan langit dan Tuhan tidak mendapat mana-mana anak sebenar.

Inilah sebab Tuhan menyediakan Yesus si Anak yang akan melakukan peranan Juruselamat bagi memenuhi tujuan penyemaian manusia. Sesiapa yang percaya kepada Yesus yang mati di atas salib untuk kita tanpa sebarang dosa boleh dimaafkan dosa-dosanya dan menerima hak untuk menjadi anak Tuhan.

Roh Kudus melengkapkan penyelamatan

Seterusnya, sebahagian daripada Roh Kudus adalah untuk melengkapkan keselamatan yang manusia terima melalui Yesus si Anak. Ia seperti ibu yang menyusui dan membesarkan bayi yang baru dilahirkan. Roh Kudus menyemaikan iman dalam hati orang-orang yang menerima Tuhan dan memimpin mereka sehingga mereka mencapai kerajaan langit. Ia membagi roh-roh yang tidak terkira banyaknya apabila Ia melakukan pelayanan-Nya. Entiti asal Roh Kudus adalah di satu tempat, tetapi roh-roh yang tidak terkira banyaknya dibahagikan dari-Nya dan melakukan kementerian pada masa yang sama mana-mana sahaja di dunia dengan hati dan kuasa yang sama.

Sudah tentu, Bapa dan Anak boleh membahagikan roh-roh yang tidak terkira banyaknya seperti dalam kes Roh Kudus. Yesus berkata dalam Matius 18:20, "Sebab di mana dua atau tiga telah berkumpul bersama-sama dalam nama-Ku, Aku ada di tengah-tengah mereka." Kita dapat memahami bahawa Yesus boleh membahagikan banyak roh-roh daripada orang asal-Nya. Tuhan Yesus tidak dapat bersama orang yang beriman sebagai orang asal-Nya di setiap tempat di mana mereka berkumpul dalam nama-Nya. Sebaliknya, roh-Nya yang dibahagikan akan pergi mana-mana dan bersama dengan mereka.

Roh Kudus memimpin setiap orang yang beriman seperti mana kasih sayang ibu menjaga anak mereka. Apabila seseorang menerima Tuhan, roh-roh dibahagikan dari Roh Kudus datang ke dalam hati mereka. Tidak kira berapa ramai orang yang menerima Tuhan, roh bagi Roh Kudus yang terbahagi boleh datang ke dalam hati semua dan kekal di dalamnya. Apabila ini berlaku, kita katakan mereka 'menerima Roh Kudus'. Roh Kudus tinggal di dalam hati orang yang beriman membantu mereka mempunyai iman rohani untuk diselamatkan, dan Ia melatih iman mereka untuk membesar dengan ukuran penuh seperti seorang guru peribadi.

Ia membimbing orang-orang beriman untuk rajin mempelajari Firman Tuhan, untuk menukar hati mereka mengikut Firman dan semakin matang secara rohani. Menurut Firman Tuhan, orang yang beriman perlu mengubah sifat panas baran kepada rendah hati, dan kebencian menjadi kasih sayang. Jika anda mempunyai iri hati atau cemburu pada masa lalu, sekarang anda perlu bergembira dengan kejayaan orang lain dalam kebenaran. Jika anda berlaku sombong takbur, kini anda mesti merendah diri dan berkhidmat untuk orang lain.

Jika anda mencari keuntungan anda sendiri pada masa lalu,

sekarang anda mesti mengorbankan diri anda sehingga ke tahap kematian. Untuk orang-orang yang melakukan kejahatan kepada anda, anda tidak boleh berbuat jahat kepada mereka dan sebaliknya menggerakkan hati mereka dengan kebaikan.

Jangan memadam Roh

Walaupun selepas anda menerima Tuhan dan percaya selama beberapa tahun, jika anda masih hidup dalam tuduhan dusta sama seperti ketika anda seorang kafir, Roh Kudus tinggal di dalam diri anda akan mengeluh. Jika kita mudah marah apabila kita menderita tanpa sebab, atau jika kita menghukum dan mengutuk saudara-saudara kita di dalam Kristus dan mendedahkan pelanggaran mereka, kita tidak akan dapat mengangkat kepala kita di hadapan Tuhan yang mati untuk dosa-dosa kita.

Katakan anda telah mendapat pangkat gereja seperti seorang diakon atau ketua, tetapi anda tidak baik dengan orang lain atau menyusahkan orang lain, atau membuat mereka tersandung dengan mementingkan diri sendiri. Jadi, Roh Kudus tinggal di dalam anda sangat bersedih hati. Oleh kerana kita menerima Tuhan dan telah dilahirkan semula, kita mesti cuba untuk membuang segala jenis dosa dan kejahatan dan untuk meningkatkan iman kita hari demi hari.

Walaupun selepas menerima Tuhan, sekiranya anda masih hidup dalam dosa-dosa dunia dan melakukan dosa yang membawa kepada kematian, Roh Kudus di dalam diri anda akhirnya akan meninggalkan anda dan nama anda akan dihapuskan dari kitab kehidupan. Keluaran 32:33 berkata, "TUHAN berfirman kepada Musa, 'Siapa yang berdosa kepada-Ku, Aku akan membuang dia dari kitab-Ku.'"

Wahyu 3:5 berkata, "Barang siapa menang, ia akan dikenakan pakaian putih yang demikian; Aku tidak akan menghapus namanya dari kitab kehidupan, melainkan Aku akan mengaku namanya di hadapan Bapa-Ku dan di hadapan para malaikat-Nya." Ayat-ayat ini memberitahu kita, walaupun kita telah menerima Roh Kudus dan nama kita telah tertulis di dalam kitab kehidupan, ia juga boleh dipadamkan.

Tambahan pula, 1 Tesalonika 5:19 berkata, "Janganlah padamkan Roh." Seperti yang dikatakan, walaupun anda diselamatkan dan telah menerima Roh Kudus, jika anda tidak hidup dalam kebenaran, Roh Kudus akan dipadamkan.

Roh Kudus berdiam di dalam hati setiap orang yang beriman dan membimbing untuk tidak kehilangan keselamatan dengan terus menyedarkan orang mengenai kebenaran dan menggesa orang untuk hidup sesuai dengan kehendak Tuhan. Semasa mengajar kita tentang dosa dan kebenaran Dia memberitahu kita bahawa Tuhan adalah Pencipta, Yesus Kristus adalah Juruselamat kita, terdapat syurga dan neraka, dan akan ada hari Kiamat.

Roh Kudus berdoa untuk kita kepada Tuhan Bapa, seperti yang ada tertulis di dalam Roma 8:26, "Dengan cara yang sama Roh juga membantu kelemahan kita; sebab kita tidak tahu cara untuk berdoa seperti yang sepatutnya, tetapi Roh sendiri berdoa untuk kita kepada Tuhan dengan keluhan yang terlalu mendalam bagi kata-kata." Ia bersedih apabila anak-anak Tuhan melakukan dosa-dosa, dan membantu mereka untuk bertaubat dan berpaling daripada dosa mereka.

Dan Dia yang mendatangkan inspirasi dan kepenuhan Roh Kudus ke atas mereka serta memberi mereka pelbagai hadiah supaya mereka dapat membuang semua jenis dosa dan mengalami kerja-kerja Tuhan. Kita yang merupakan anak Tuhan mesti meminta kerja-kerja Roh Kudus dan menginginkan perkara-perkara yang lebih mendalam.

Tuhan iaitu Bapa, Pengarah penyemaian manusia

Tuhan Bapa merupakan pengarah rancangan penyemaian manusia yang besar. Dia merupakan Pencipta, Pemerintah dan Hakim pada Hari Kiamat. Tuhan Anak, Yesus Kristus membuka jalan untuk menyelamatkan manusia yang merupakan pendosa. Akhirnya, Tuhan Roh Kudus membimbing orang yang diselamatkan untuk memiliki iman sejati dan mencapai penyelamatan penuh. Dalam erti kata lain, Roh Kudus melengkapkan penyelamatan yang diberi kepada setiap orang beriman. Setiap paderi daripada Tiga Orang Tuhan bertindak sebagai satu kuasa dalam mencapai rezeki penyemaian manusia sebagai anak sejati.

Walau bagaimanapun, setiap daripada paderi Mereka dibezakan dengan jelas mengikut peringkat, namun Tiga Orang bekerja dengan selari pada masa yang sama. Apabila Yesus turun ke bumi, Dia mengikuti kehendak Bapa sepenuhnya tanpa mengikuti kehendak-Nya sendiri. Roh Kudus bersama dengan Yesus membantu-Nya dalam berkhidmat sebagai paderi, daripada waktu Yesus dikandung oleh Maria si Perawan. Apabila Yesus digantung pada salib dan menderita kesakitan, Bapa dan Roh Kudus merasakan perasaan dan kesakitan yang sama pada waktu yang sama.

Dengan cara yang sama, apabila Roh Kudus meminta pertolongan dan berdoa untuk jiwa, Tuhan dan Bapa juga merasai kesakitan dan ratapan yang sama. Tiga Orang dalam Tuhan Triniti melakukan segala-galanya dengan hati dan kehendak yang sama pada setiap detik dan merasai emosi yang sama dalam khidmat sebagai paderi setiap Orang. Dalam satu perkataan, Tiga Orang telah melengkapkan segala-galanya bagi Tiga dalam Satu.

Tuhan Triniti memenuhi rezeki penyelamatan

Tiga Orang Tuhan memenuhi rezeki penyemaian manusia sebagai Tiga Dalam Satu. Ada dinyatakan dalam 1 Yohanes 5:8, "Roh, air, dan darah. Ketiga kesaksian itu sependapat." Air di sini melambangkan kerja dakwah Tuhan Bapa yang merupakan Firman. Darah mewakili kerja dakwah Tuhan yang menumpahkan darah pada salib. Tuhan Triniti melakukan kerja dakwah sebagai Roh, Air dan Darah yang sependapat untuk mengakui bahawa anak yang beriman diselamatkan.

Maka, kita mesti memahami setiap kerja dakwah Tuhan Triniti dengan jelas dan tidak boleh cenderung ke arah hanya satu Orang Triniti. Hanya apabila kita menerima dan beriman dengan Tiga Orang Tuhan Triniti, barulah kita akan diselamatkan dengan iman pada Tuhan dan kita akan dapat mengatakan bahawa kita mengenali Tuhan. Apabila kita berdoa, kita berdoa dengan nama Yesus Kristus, tetapi Tuhan Bapalah yang menjawab doa kita dan Roh Kudus yang membantu kita menerima jawapan.

Yesus juga bersabda dalam Matius 28:19, "Pergilah dan jadikanlah semua bangsa pengikut-Ku. Baptislah mereka dalam nama Bapa, Anak, dan Roh Kudus," dan hawari Paulus merahmati orang beriman dengan nama Triniti dalam 2 Korintus 13:14, "Semoga Tuhan Yesus Kristus memberikan berkat, dan Tuhan memberikan kasih, serta Roh Kudus menyertai kamu semuanya." Kerana itulah di khidmat pagi Ahad, restu diberikan agar anak Tuhan akan menerima hawa kurnia Penyelamat dan Tuhan Yesus Kristus, kasih sayang Tuhan Bapa dan ilham dan kepenuhan Roh Kudus.

Menafikan Tuhan Triniti dan kerja-kerja Roh Kudus

Terdapat sesetengah orang yang tidak menerima Triniti. Dalam kalangan mereka adalah Saksi Yehuwa. Mereka tidak mengakui ketuhanan Yesus Kristus. Mereka juga tidak mengakui personaliti individu Roh Kudus dan oleh itu, mereka dianggap sesat.

Kitab Injil menyatakan sesiapa yang menafikan Yesus Kristus dan membawa kemusnahan pantas kepada diri sendiri adalah sesat (2 Petrus 2:1). Mereka kelihatan seperti mengamalkan ajaran Kristian di luaran tetapi mereka tidak menurut kehendak Tuhan. Mereka tidak ada kaitan dengan penyelamatan dan kita orang beriman tidak boleh terpedaya.

Berbeza daripada orang yang sesat, beberapa gereja menafikan kerja Roh Kudus walaupun mereka berkata mereka mengaku beriman dengan Triniti. Kitab Injil menggambarkan pelbagai bakat Roh Kudus seperti bercakap dengan bahasa, nubuat, penyembuhan ketuhanan, wahyu dan bayangan. Terdapat sesetengah gereja yang menganggap kerja Roh Kudus ini sebagai sesuatu yang salah atau cuba untuk menghalang kerja Roh Kudus, walaupun mereka mengakui mereka beriman dengan Tuhan.

Mereka sering mengutuk gereja yang menzahirkan bakat Roh Kudus sebagai sesat. Hal ini secara langsung menyinggung kehendak Tuhan dan mereka melakukan dosa yang tidak boleh diampunkan dengan menabur fitnah, menghina atau menentang Roh Kudus. Apabila mereka melakukan dosa ini, roh taubat tidak datang kepada mereka dan mereka tidak boleh bertaubat.

Jika mereka memfitnah atau menghina hamba Tuhan atau gereja yang dipenuhi dengan kerja Roh Kudus, ia sama seperti menghina Tuhan Triniti dan bertindak sebagai musuh yang menentang Tuhan. Anak Tuhan yang diselamatkan dan menerima Roh Kudus tidak boleh mengelak daripada kerja Roh Kudus, namun sebaliknya, mereka sepatutnya mendambakan kerja tersebut. Terutamanya paderi, bukan setakat mengalami kerja Roh Kudus, tetapi juga untuk melaksanakan kerja Roh Kudus agar pengikut mereka boleh hidup makmur dengan kerja tersebut.

1 Korintus 4:20 menyatakan, "Kerana kerajaan Tuhan tidak

tertakluk pada firman, tetapi kuasa." Jika paderi mengajar pengikut mereka hanya dengan pengetahuan formaliti, hal ini bermakna mereka adalah orang buta yang membimbing orang buta yang lain. Paderi mesti mengajar pengikut mereka kebenaran yang sebenar dan membiarkan mereka mengalami bukti Tuhan hidup dengan melakukan kerja Roh Kudus.

Kini ia dirujuk sebagai 'Era Roh Kudus'. Di bawah bimbingan peneraju Roh Kudus, kita menerima begitu banyak rahmat dan hawa kurnia Tuhan Triniti yang menyemai manusia.

Dan Yohanes 14:16-17 berkata, "Aku akan minta kepada Bapa, dan Ia akan memberikan kepadamu Penolong lain, yang akan tinggal bersama kalian untuk selama-lamanya. Dia itu Roh Tuhan yang akan menyatakan kebenaran tentang Tuhan. Dunia tak dapat menerima Dia, kerana tidak melihat atau mengenal-Nya. Tetapi kalian mengenal Dia, kerana Ia tinggal bersama kalian dan akan bersatu dengan kalian."

Selepas Tuhan memenuhi kerja dakwah penyelamatan manusia, dibangkitkan semula dan naik ke Syurga, Roh Kudus menggantikan Tuhan dalam kerja dakwah penyemaian manusia. Roh Kudus bersama dengan setiap orang beriman yang menerima Tuhan dan membimbing orang beriman ini kepada kebenaran yang mendiami hati setiap orang beriman.

Selain itu, masa kini apabila dosa semakin berleluasa dan kegelapan semakin meliputi dunia, Tuhan menunjukkan diri-Nya kepada sesiapa yang mencari-Nya daripada hati dan memberikan mereka kerja hebat Roh Kudus. Saya berharap anda akan menjadi anak Tuhan sejati dalam kerja Bapa, Anak dan Roh Kudus, agar anda akan menerima segala-gala yang diminta dalam doa dan menerima penyelamatan penuh.

Contoh Injil 1

Perkara yang berlaku apabila pagar syurga kedua dibuka ke dalam syurga pertama.

Syurga pertama adalah ruang fizikal yang kita diami.

Dalam syurga kedua ada kawasan terang, Eden dan kawasan kegelapan.

Dalam syurga ketiga merupakan kerajaan syurga di mana kita hidup selama-lamanya.

Syurga keempat merupakan ruang asal Tuhan yang eksklusif untuk Tuhan Triniti.

'Syurga-syurga' ini diasingkan dengan jelas, tetapi setiap ruang 'sejajar' antara satu sama lain.

Apabila perlu, pagar syurga kedua dibuka dalam ruang syurga pertama di mana kita tinggal sekarang.

Kadangkala, ruang syurga ketiga atau syurga keempat juga mungkin berlaku.

Kita boleh melihat banyak peristiwa di mana perkara syurga kedua berlaku di syurga pertama.

Apabila pagar syurga kedua dibuka dan objek Taman Eden keluar ke ruang syurga pertama, orang yang tinggal di syurga pertama boleh menyentuh dan melihat objek tersebut.

Penghakiman Api pada Sodom dan Gomora

Kejadian 19:24 menyatakan, "Kemudian TUHAN menurunkan hujan belerang dan api atas Sodom dan Gomora, berasal dari TUHAN, dari langit." Di sini, 'berasal dari TUHAN, dari langit' bermakna Tuhan membuka pagar ruang syurga kedua dan menurunkan hujan belerang dan api dari situ. Perkara yang sama berlaku di Gunung Karmel apabila Elia berhadapan dengan 850 orang paderi bagi tuhan orang bukan Yahudi dengan menurunkan jawapan api. Dalam 1 Raja-raja 18:37-38 ada menyatakan, "'Jawablah aku, ya TUHAN, jawablah doaku. Tunjukkan kepada mereka bahawa Engkau adalah TUHAN. Mereka akan tahu bahawa Engkau yang membawa mereka kembali kepada-Mu.' TUHAN menurunkan api dan membakar habis korban, kayu, batu, dan tanah sekitar mezbah itu. Api juga mengeringkan air yang ada dalam parit itu." Api syurga kedua sebenarnya boleh membakar objek syurga pertama.

Bintang yang membimbing tiga orang Majusi

Matius 2:9 menyatakan, "Setelah mendengar kata-kata raja itu, berangkatlah mereka. Dan lihatlah, bintang yang mereka lihat di Timur itu mendahului mereka hingga tiba dan berhenti di atas tempat, di mana Anak itu berada." Bintang syurga kedua muncul dan ia berulang bergerak dan berhenti buat seketika. Apabila tiga orang Majusi tiba di destinasi, bintang itu berhenti di situ.

Jika bintang ini merupakan bintang syurga pertama, ia akan mempunyai kesan yang besar pada alam semesta, kerana semua bintang dalam syurga pertama bergerak dalam laluan mereka dalam susunan yang sangat teratur. Kita dapat faham bahawa bintang yang dipandu tiga orang Majusi bukanlah salah satu bintang dalam syurga pertama. Tuhan menggerakkan bintang dalam syurga kedua agar ia tidak akan memberi sebarang impak pada alam semesta syurga pertama. Tuhan membuka ruang syurga kedua agar tiga orang Majusi agar ketiga-tiga mereka boleh melihat bintang ini.

Mana diberi kepada kaum Israel

Keluaran 16:4 menyatakan, "Sesungguhnya Aku akan menurunkan dari langit hujan roti bagimu; maka bangsa itu akan keluar dan memungut tiap-tiap hari sebanyak yang perlu untuk sehari, supaya mereka Aku duga, apakah mereka hidup menurut hukum-Ku atau tidak.'"

Apabila Dia berfirman bahawa dia akan 'menurunkan hujan dari langit hujan roti', Tuhan mengurniakan mana kepada kaum Israel semasa mereka berkeliaran di padang gurun selama 40 tahun. Mana bagaikan biji ketumbar dan kelihatan seperti bdelium. Rasanya seperti kek yang dibakar dengan minyak. Seperti yang diterangkan, dalam Injil, terdapat banyak rekod tentang peristiwa yang berlaku apabila pagar ruang bagi syurga kedua dibuka di syurga pertama.

Bab 4 Keadilan

> Kita boleh menyelesaikan segala jenis masalah dan membawa rahmat dan jawapan kepada doa apabila kita memahami keadilan Tuhan dengan betul dan bertindak mengikutnya.

Keadilan Tuhan

Tuhan memegang keadilan-Nya tanpa gagal

Bertindak mengikut peraturan keadilan Tuhan

Dua sisi keadilan

Dimensi lebih tinggi bagi keadilan

Keimanan dan ketaatan – peraturan asas keadilan

"Dia akan menyatakan kebenaran kamu sebagai cahaya dan pertimbangan kamu seperti hari siang."

(Mazmur 37:6)

Terdapat masalah yang tidak dapat diselesaikan oleh mana-mana kaedah manusia. Namun ia boleh hilang seketika jika Tuhan hanya menyorokkan ia dalam hati-Nya. Sebagai contoh, masalah tertentu dalam matematik yang dianggap sukar bagi pelajar sekolah rendah, tetapi ianya tidak menjadi masalah bagi pelajar kolej. Dengan cara yang sama, bagi Tuhan tiada yang mustahil, kerana Dia adalah Pengawal semua langit.

Dalam usaha untuk mengalami kuasa Tuhan yang maha kuasa, kita perlu tahu cara untuk menerima jawapan dari Tuhan dan mengamalkannya. Kita boleh menyelesaikan sebarang masalah dan mendapat jawapan dan berkat apabila kita memahami keadilan Tuhan dengan betul dan bertindak mengikutnya.

Keadilan Tuhan

Keadilan merujuk kepada kaedah-kaedah yang Tuhan telah tetapkan, dan kaedah-kaedah yang dijalankan dengan tepat. Secara ringkasnya, ia seperti peraturan 'punca dan kesan'. Terdapat peraturan yang menjadikan sebab-sebab tertentu membawa keputusan yang tertentu.

Bahkan orang tidak beriman berkata kita menuai apa yang kita semaikan. Peribahasa Korea berbunyi, "Anda menuai kacang di mana anda menyemai kacang, dan anda menuai kacang merah di mana anda menyemai kacang merah." Oleh kerana da peraturan seperti ini, peraturan keadilan adalah lebih ketat dalam kebenaran Tuhan.

Alkitab mengatakan, "Mintalah, maka akan diberikan kepadamu; carilah, maka kamu akan mendapat; ketuk, dan ia akan dibukakan kepadamu" (Matius 7:7). "Jangan sesat, Tuhan tidak membiarkan diri-Nya dipermainkan, kerana apa yang ditabur orang, itu juga yang akan dituainya" (Galatia 6:7). "Sekarang ini

Aku katakan, orang yang menanam dengan berhati-hati juga akan menuai dengan berhati-hati, dan orang yang menanam dengan banyak juga akan menuai dengan banyak." (2 Korintus 9:6). Ini hanya beberapa contoh peraturan keadilan.

Terdapat juga peraturan tentang akibat dari dosa-dosa. Roman 6:23 berkata, "Sebab upah dosa ialah maut; tetapi kurnia Tuhan ialah hidup yang kekal dalam Yesus Kristus, Tuhan kita." Amsal 16:18 berkata, "Keangkuhan mendahului kehancuran, dan kesombongan sebelum tersandung." Yakobus 1:15 berkata, "Kemudian apabila nafsu telah mengandung, ia melahirkan dosa; dan apabila dosa itu dicapai, ia mengeluarkan kematian."

Selain daripada peraturan-peraturan ini, terdapat juga peraturan yang orang-orang kafir tidak dapat memahami. Sebagai contoh, Matius 23:11 menyatakan, "Barang siapa terbesar di antara kamu, hendaklah ia menjadi pelayanmu." Matius 10:39 berkata, "Dia yang menemui hidupnya akan kehilangannya, dan dia yang telah kehilangan hidupnya untuk Aku akan menemuinya." Kisah Para Rasul 20:35 di bahagian belakang berkata, "Ianya lebih diberkati untuk memberi berbanding menerima." Apatah lagi memahami mereka, orang-orang kafir memikirkan peraturan-peraturan ini adalah salah.

Tetapi Firman Tuhan tidak pernah salah dan ia tidak pernah berubah. Kebenaran bahawa dunia bercakap tentang perubahan dengan peredaran masa, tetapi firman Tuhan yang ditulis dalam Alkitab iaitu kaedah-kaedah keadilan telah dipenuhi seperti yang tertulis.

Oleh itu, jika kita betul dapat memahami keadilan Tuhan, kita boleh mencari punca apabila terdapat sebarang masalah dan menyelesaikannya. Begitu juga kita boleh menerima jawapan bagi keinginan hati kita. Alkitab menjelaskan sebab-sebab kita mendapat penyakit, kita mengalami masalah kewangan, mengapa tidak ada kedamaian dalam keluarga, atau mengapa kita kehilangan rahmat Tuhan dan tersandung.

Jika kita hanya memahami peraturan keadilan yang ditulis dalam Alkitab, kita boleh menerima berkat dan jawapan kepada doa-doa kita. Tuhan dengan setia menyimpan semua peraturan yang Dia sendiri tubuhkan, oleh itu, jika kita hanya bertindak menurutnya, kita pasti akan mendapat rahmat dan jawapan kepada masalah.

Tuhan memegang keadilan-Nya tanpa gagal

Tuhan adalah Pencipta dan Penguasa segala sesuatu, tetapi Dia tidak pernah melanggar peraturan keadilan. Dia tidak pernah berkata "Aku membuat peraturan itu, tetapi Aku tidak perlu memegangnya." Dia bekerja dalam segala-galanya betul-betul mengikut keadilan, tanpa apa-apa kesilapan.

Tujuannya untuk membebaskan kita dari dosa mengikut peraturan keadilan bahawa Anak Tuhan, Yesus, datang ke bumi ini dan mati disalib.

Mungkin ada yang berkata, "Mengapa Tuhan tidak menghapuskan syaitan dan menyelamatkan semua orang?" Tetapi Dia tidak akan berbuat demikian. Dia menubuhkan peraturan keadilan sebagaimana Dia telah menjadikan rancangan penyemaian manusia pada permulaan, dan Dia mengekalkannya. Itulah sebabnya Dia melakukan pengorbanan yang tinggi dan anak-Nya yang tunggal untuk membuka jalan keselamatan bagi kita.

Oleh itu, kita tidak dapat diselamatkan dan sampai ke Syurga dengan hanya mengaku, "Saya percaya!" dengan bibir dan pergi ke gereja. Kita perlu dalam sempadan keselamatan yang ditetapkan oleh Tuhan. Dalam usaha kita untuk diselamatkan, kita perlu percaya kepada Yesus Kristus sebagai Penyelamat peribadi kita dan taat kepada Firman Tuhan dengan hidup menurut peraturan keadilan.

Selain hal keselamatan ini, terdapat banyak bahagian Alkitab yang menerangkan kepada kita tentang keadilan Tuhan yang memenuhi segala-galanya mengikut undang-undang alam rohani. Jika kita dapat memahami keadilan ini, ia akan memudahkan kita untuk menyelesaikan masalah-masalah dosa-dosa kita. Ia akan memudahkan kita untuk mendapat rahmat dan jawapan kepada doa. Sebagai contoh, apa yang harus anda lakukan jika anda mahu menerima keinginan hati anda?

Mazmur 37:4 berkata, "Carilah kebahagiaanmu pada TUHAN, Ia akan memuaskan keinginan hatimu." Untuk benar-benar menggembirakan diri anda kepada Tuhan, anda perlu menggembirakan Tuhan. Dan kita boleh mencari banyak cara untuk menggembirakan Tuhan di banyak bahagian di Alkitab.

Bahagian pertama Ibrani 11:6 berkata, "Dan tanpa iman tidak mungkin orang berkenan kepada-Nya." Kita boleh menyenangi Tuhan ke tahap kita beriman dalam Firman Tuhan, membuang dosa dan disucikan. Tambahan lagi, kita boleh menggembirakan Tuhan dengan usaha dan persembahan seperti Raja Solomon yang memberikan seribu pengorbanan. Kita juga boleh melakukan kerja-kerja sukarela bagi kerajaan Tuhan. Ada juga banyak cara yang lain.

Oleh itu, kita harus faham bahawa dengan membaca Alkitab dan mendengar khutbah adalah salah satu cara untuk mempelajari peraturan keadilan. Jika kita hanya mengikuti kaedah-kaedah itu dan menggembirakan Tuhan, kita boleh menerima semua keinginan hati kita dan memuliakan Tuhan.

Bertindak mengikut peraturan keadilan Tuhan

Sejak saya menerima Tuhan dan menyedari keadilan Tuhan, saya seronok menjalani kehidupan yang dalam iman. Sebagaimana saya bertindak mengikut peraturan keadilan, saya menerima kasih sayang dan rahmat kewangan dari Tuhan.

Tambahan lagi, Tuhan berkata Dia akan melindungi kita daripada penyakit dan bencana jika kita hidup di dalam Firman Tuhan. Selepas saya dan ahli-ahli keluarga hidup hanya dengan iman, semua ahli keluarga saya menjadi sihat sehingga kami tidak pernah ke mana-mana hospital atau mengambil sebarang ubat sejak saya menerima Tuhan.

Oleh kerana saya percaya keadilan Tuhan membiarkan kita menuai apa yang kita semaikan, saya seronok memberikan kepada Tuhan walaupun saya menjalani kehidupan yang susah. Sesetengah orang berkata, "Saya sangat miskin sehinggakan saya tidak mempunyai apa-apa untuk diberikan kepada Tuhan." Akan tetapi saya memberikan dengan lebih bersungguh-sungguh kerana saya miskin.

2 Korintus 9:7 berkata, "Setiap orang harus memberi menurut kerelaan hatinya. Janganlah dia memberi dengan segan-segan atau kerana terpaksa, sebab Tuhan mengasihi orang yang memberi dengan senang hati." Seperti yang dikatakan, saya tidak pernah datang di hadapan Tuhan dengan tangan kosong.

Saya sentiasa menikmati memberikan kepada Tuhan dengan mengucap syukur walaupun saya miskin, dan tidak lama selepas itu saya menerima berkat kewangan. Saya boleh memberi dengan kegembiraan kerana saya tahu Tuhan akan menekan saya, menggoncang, dan bahkan 30, 60, atau 100 kali ganda apabila saya memberi untuk kerajaan Tuhan dengan iman.

Hasilnya, saya membayar balik jumlah yang besar hutang yang saya miliki semasa sakit di katil selama tujuh tahun, dan sehingga kini, saya sangat bersyukur bahawa saya tidak kekurangan apa-apa.

Tambahan pula, saya terus membuang kejahatan daripada diri melalui doa bersungguh-sungguh dan puasa kerana saya tahu tentang undang-undang keadilan, Tuhan akan memberikan kekuasaan-Nya kepada mereka yang bebas daripada kejahatan dan dikuduskan, akhirnya saya menerima kuasa Tuhan.

Sekarang, kuasa luar biasa Tuhan ditunjukkan kerana saya mencapai dimensi kasih sayang dan keadilan yang Tuhan inginkan daripada saya semasa melalui banyak kesusahan dan ujian dengan kesabaran. Tuhan tidak hanya memberi saya kuasa-Nya tanpa syarat. Dia memberikan kepada saya mengikut peraturan keadilan. Inilah sebab musuh syaitan dan iblis tidak boleh membantah.

Selain itu, saya percaya dan mengamalkan semua perkataan dalam Alkitab, dan saya juga telah mengalami segala perbuatan ajaib dan berkat yang tertulis di dalam Alkitab.

Dan kerja-kerja itu tidak berlaku hanya kepada saya. Jika ada sesiapa yang memahami peraturan keadilan Tuhan yang ditulis dalam Alkitab dan bertindak yang menurutnya, dia boleh menerima nikmat yang sama seperti yang saya.

Dua sisi keadilan

Biasanya orang fikir keadilan adalah sesuatu yang dahsyat yang mengiringi hukuman. Sudah tentu, menurut keadilan hukuman menakutkan akan mengikuti dosa dan kejahatan, tetapi ia juga boleh menjadi kunci untuk membawa rahmat untuk kita.

Keadilan ibarat dua sisi duit syiling. Bagi mereka yang hidup dalam kegelapan, ia adalah sesuatu yang menakutkan, tetapi bagi mereka yang tinggal di dalam Cahaya, ia adalah sesuatu yang sangat baik. Jika perompak memegang pisau dapur ia mungkin menjadi senjata pembunuhan tetapi apabila ia dipegang oleh seorang ibu, ia adalah alat untuk menyediakan makanan yang membolehkan dia memasak makanan yang lazat untuk keluarga.

Oleh itu, bergantung kepada individu, keadilan Tuhan diguna pakai, ia boleh menjadi sangat menakutkan atau ia boleh menjadi sesuatu yang sangat seronok. Jika kita memahami kedua-dua belah keadilan, kita juga boleh memahami bahawa keadilan dipenuhi dengan kasih sayang, dan kasih Tuhan juga dilengkapkan dengan keadilan. Cinta tanpa keadilan bukan cinta sejati, dan keadilan tanpa cinta tidak boleh menjadi keadilan sejati.

Sebagai contoh, bagaimana jika anda menghukum anak-anak anda setiap kali mereka melakukan kesalahan? Atau, bagaimana jika anda hanya membiarkan anak-anak anda tidak dihukum sepanjang masa? Dalam dua-dua kes ini, anda akan menyebabkan anak-anak anda sesat.

Menurut keadilan, kadang-kadang anda perlu untuk menghukum anak-anak anda dengan tegas untuk salah laku mereka, tetapi anda tidak boleh menunjukkan kepada mereka 'keadilan' itu sepanjang masa. Kadang-kala anda perlu memberi mereka peluang sekali lagi, dan jika mereka benar-benar bertaubat, anda perlu menunjukkan keampunan dan rahmat dengan kasih sayang anda. Namun sekali lagi, anda tidak boleh menunjukkan rahmat dan kasih sayang sepanjang masa. Anda perlu membimbing anak anda dengan cara yang betul melalui hukuman jika perlu.

Tuhan memberitahu kita tentang pengampunan tanpa had dalam Matius 18:22 yang berbunyi, "Aku tidak berkata kepadamu, sehingga tujuh kali, tetapi sehingga tujuh puluh kali tujuh."

Pada masa yang sama, Tuhan berkata cinta sejati kadang-kadang disertai dengan hukuman. Ibrani 12:6 berkata, "Kerana Tuhan mengajar orang yang dikasihi-Nya, dan Ia menguji orang yang diakui-Nya sebagai anak." Jika kita memahami hubungan antara cinta dan keadilan, kita juga akan memahami keadilan yang disempurnakan dalam cinta, dan apabila kita terus mementingkan keadilan, kita akan faham ada cinta mendalam yang terkandung dalam keadilan.

Dimensi lebih tinggi bagi keadilan

Keadilan juga mempunyai dimensi yang berbeza di langit yang berbeza. Yakni, selepas kita naik ke tahap langit, dari langit yang pertama ke langit kedua, ketiga, dan keempat, dimensi keadilan juga menjadi lebih lebar dan mendalam. Langit yang berbeza menyimpan arahannya menurut keadilan setiap syurga.

Wujudnya perbezaan dalam dimensi keadilan dalam setiap langit adalah disebabkan oleh dimensi cinta dalam tiap-tiap langit mempunyai perbezaan. Kasih sayang dan keadilan tidak dapat dipisahkan. Semakin dalam dimensi cinta itu, dimensi keadilan juga semakin mendalam.

Jika kita membaca Alkitab, ia kelihatan seperti terdapat perbezaan dalam keadilan bagi Perjanjian Lama dan Perjanjian Baru. Sebagai contoh, Perjanjian Lama berkata, "Balasan yang setimpal," yang merupakan prinsip tindak balas, tetapi dalam Perjanjian Baru ia berkata, "Kasihilah musuhmu." Prinsip tindakan balas telah berubah menjadi prinsip pengampunan dan kasih sayang. Kemudian, adakah ini bermaksud kehendak Tuhan telah berubah?

Tidak, itu tidak bermakna begitu. Tuhan adalah roh dan kekal tidak berubah, jadi hati dan kehendak Tuhan yang terkandung dalam kedua-dua Perjanjian Lama dan Baru adalah sama. Sebenarnya ia bergantung kepada tahap seseorang telah mencapai kasih sayang, keadilan yang sama akan diguna pakai dalam keadaan yang berbeza. Sebelum Yesus datang ke bumi ini dan memenuhi undang-undang dengan kasih sayang, tahap cinta yang manusia fahami adalah sangat rendah.

Jika mereka disuruh untuk menyayangi musuh-musuh mereka yang merupakan tahap keadilan yang sangat tinggi, mereka tidak akan mampu untuk melakukannya. Oleh kerana itu, dalam Perjanjian Lama, tahap peraturan keadilan yang lebih rendah iaitu 'balasan yang setimpal' telah digunakan untuk menubuhkan perintah. Walau bagaimanapun, selepas Yesus memenuhi Undang-undang dengan kasih sayang, datang ke bumi ini dan memberikan hidup-Nya untuk kita yang berdosa, tahap keadilan yang Tuhan mahukan daripada manusia telah diangkat.

Daripada contoh Yesus, kita telah melihat faktor kasih sayang dari tahap yang lebih rendah ke tahap menyayangi musuh kita. Oleh itu prinsip pembalasan dengan berkata 'balasan yang setimpal' tidak boleh digunakan lagi. Sekarang, Tuhan memerlukan dimensi keadilan di mana kaedah-kaedah keampunan dan rahmat digunakan. Sudah tentu Tuhan mahukan belas kasihan dan keampunan pada era Perjanjian Lama, tetapi orang-orang pada masa itu tidak dapat memahaminya.

Seperti yang dijelaskan, seperti mana terdapat perbezaan dalam dimensi cinta dan keadilan di dalam Perjanjian Lama dan Perjanjian Baru, dimensi keadilan berbeza mengikut dimensi cinta dalam setiap syurga.

Sebagai contoh, dengan melihat wanita yang ditangkap melakukan zina, orang-orang yang bertindak mengikut keadilan tahap yang lebih rendah daripada langit yang pertama menyatakan mereka perlu merejamnya dengan segera. Namun Yesus yang mempunyai keadilan tertinggi yang merupakan keadilan langit keempat berkata kepadanya, "Aku tidak mengutuk kamu juga. Pergi. Mulai saat ini jangan lakukan dosa" (Yohanes 8:11).

Oleh itu, keadilan ada di dalam hati kita, dan setiap orang merasakan dimensi keadilan yang berbeza mengikut sejauh mana mereka telah mengisi hati mereka dengan kasih sayang dan menyemai hati mereka dengan roh. Kadang-kadang, bagi mereka yang mempunyai dimensi keadilan yang lebih rendah tidak dapat memahami dimensi keadilan lebih tinggi yang dimiliki oleh orang lain.

Ini kerana manusia daging tidak mampu memahami perkara yang dilakukan oleh Tuhan. Hanya orang yang telah menyemai hati mereka dengan kasih sayang dan fikiran rohani dapat memahami keadilan Tuhan dengan tepat dan menggunakannya.

Dengan mengenakan dimensi keadilan lebih tinggi keadilan tidak bermakna ia akan membatalkan atau melanggar keadilan dalam dimensi yang lebih rendah. Yesus memiliki keadilan langit keempat, tetapi Dia tidak pernah mengabaikan keadilan di bumi ini. Dengan erti kata yang lain, Dia menunjukkan keadilan dari langit ketiga atau lebih tinggi di muka bumi ini dalam sempadan peraturan keadilan di bumi ini.

Begitu juga, kita tidak boleh melanggar undang-undang yang digunakan di langit yang pertama semasa kita hidup di syurga pertama ini. Sudah tentu, selepas dimensi cinta kita semakin mendalam, keluasan dan kedalaman keadilan juga akan meningkat, tetapi rangka kerja asas adalah sama. Dan dengan itu kita perlu memahami peraturan keadilan dengan betul.

Keimanan dan ketaatan – peraturan asas keadilan

Jadi, apakah rangka kerja asas dan kaedah-kaedah keadilan yang kita perlu fahami dan ikuti untuk menerima jawapan atas doa-doa kita? Terdapat banyak perkara termasuk kebaikan dan kerendahan hati. Namun, dua prinsip yang paling asas adalah keimanan dan ketaatan. Ia merupakan peraturan keadilan bahawa kita menerima jawapan apabila kita beriman dengan Firman Tuhan dan mematuhinya.

Perwira dalam Matius bab 8 mempunyai seorang hamba yang sakit. Dia adalah seorang perwira Empayar Roman, tetapi dia cukup rendah hati untuk menghadap Yesus. Selain itu, dia mempunyai hati yang baik untuk datang berjumpa Yesus bagi hambanya yang sakit.

Paling penting, dia dapat menerima jawapan kerana dia memiliki iman. Sebelum dia membuat keputusan untuk datang berjumpa Yesus, pasti dia telah mendengar banyak khabar angin tentang Yesus daripada orang ramai. Dia pasti mendengar berita tentang orang buta dapat melihat, orang bisu dapat bercakap, dan ramai orang sakit disembuhkan oleh Yesus.

Setelah mendengar berita itu, perwira itu mempercayai Yesus dan dapat memiliki iman, dan dia juga boleh menerima keinginannya untuk hambanya jika dia bersemuka dengan Yesus.

Setelah dia bertemu dengan Yesus, dia membuat pengakuan iman dengan berkata "Tuhan, Aku tidak layak untuk Kau datang di rumah Aku, tetapi sebutlah kata-kata, dan hamba aku akan sembuh" (Matius 8:8). Dia boleh mengatakan sedemikian kerana dia benar-benar mempercayai Yesus selepas mendengar berita mengenainya.

Jika kita ingin memiliki iman sebesar ini, kita perlu bertaubat kerana tidak mengikut Firman Tuhan. Jika kita mengecewakan Tuhan dalam apa-apa perkara, kita tidak memelihara janji yang dibuat di hadapan Tuhan, kita tidak memelihara kesucian Hari Tuhan suci atau kita tidak memberikan persepuluhan yang betul, maka kita perlu bertaubat.

Tambahan lagi, kita perlu bertaubat kerana mencintai dunia, tidak mempunyai keamanan dengan orang, berkelakuan dan menyimpan semua jenis kejahatan seperti panas baran, sakit hati, kekecewaan, keras hati, iri hati, hasad dengki, pertikaian dan kepalsuan. Apabila kita memecahkan tembok dosa dan menerima doa hamba Tuhan yang berkuasa, kita boleh diberikan kepercayaan untuk menerima jawapan, dan kita benar-benar boleh menerima jawapan seperti mana kita percaya mengikut peraturan keadilan .

Selain itu, terdapat banyak perkara lain yang kita perlu patuhi dan ikuti untuk menerima jawapan seperti menghadiri pelbagai perkhidmatan ibadat, tidak berhenti berdoa dan berserah kepada Tuhan. Jika kita ingin mematuhi sepenuhnya, kita perlu menafikan diri kita sepenuhnya.

Yakni, kita perlu membuang kesombongan, keangkuhan, sifat penting diri dan dakwaan diri, semua fikiran dan teori, perasaan bermegah, dan keinginan untuk bergantung kepada dunia. Apabila kita merendah hati dan menafikan diri dengan cara ini, kita boleh menerima jawapan menurut undang-undang keadilan yang tertulis dalam Lukas 17:33, yang berbunyi, "Barang siapa berusaha memelihara nyawanya, ia akan kehilangan nyawanya, dan barang siapa kehilangan nyawanya, ia akan menyelamatkannya."

Untuk memahami dan mematuhi keadilan Tuhan bermaksud mengakui Tuhan. Kita boleh mematuhi peraturan yang ditubuhkan oleh Tuhan kerana kita mengakui-Nya. Dan ia merupakan iman untuk mengakui Tuhan dengan cara ini, dan iman yang benar sentiasa disertai dengan perbuatan ketaatan.

Jika anda menyedari sebarang dosa semasa mencerminkan diri anda dengan Firman Tuhan, anda perlu bertaubat dan menjauhi perkara tersebut. Saya berharap anda akan mempercayai kepada Tuhan sepenuhnya dan bergantung kepada-Nya. Dengan berbuat demikian, saya berharap anda akan menyedari peraturan keadilan Tuhan satu demi satu dan mengamalkannya supaya anda akan menerima jawapan dan berkat dari Tuhan yang membolehkan kita menerima hasil yang telah disemaikan dan yang membalas perbuatan kita.

Puteri Jane Mpologoma (London, United Kingdom)

Dari separuh perjalanan di seluruh dunia

Saya tinggal di Birmingham. Ia adalah tempat yang sangat cantik. Saya adalah seorang anak perempuan presiden pertama kerajaan Buganda, dan saya telah berkahwin dengan seorang lelaki yang lemah lembut dan baik di United Kingdom serta mempunyai tiga orang anak perempuan.

Ramai orang inginkan kehidupan yang mewah seperti ini, tetapi saya tidak gembira. Saya sentiasa merasa haus dalam jiwa yang tidak dapat dipenuhi dengan apa-apa pun. Saya telah lama mempunyai gangguan gastrousus kronik yang menyebabkan saya menderita. Saya tidak dapat makan dengan baik atau tidur dengan lena.

Saya juga telah diseksa oleh pelbagai penyakit termasuk tahap kolesterol yang tinggi, gangguan jantung, dan tekanan darah rendah. Doktor memberi amaran bahawa saya boleh terkena serangan jantung atau strok.

Pada bulan Ogos 2005, hidup saya telah berubah. Secara kebetulan

Bersama suaminya David

saya bertemu dengan salah seorang pembantu pastor Gereja Pusat Manmin yang sedang melawat London. Saya menerima buku dan khutbah audio darinya, dan saya sangat tersentuh dengannya.
Ia berdasarkan kepada Alkitab, tetapi saya tidak dapat mendengar mesej yang sangat mendalam dan berinspirasi di mana-mana tempat lain. Jiwa saya yang sentiasa dahaga menjadi puas dan mata rohani saya telah dibuka untuk memahami Firman.
Akhirnya saya pergi melawat Korea Selatan. Sebaik sahaja saya melangkah masuk ke Gereja Pusat Manmin, seluruh badan saya dibalut dengan ketenangan. Saya menerima doa daripada Rev. Jaerock Lee. Selepas saya pulang ke UK, barulah saya menyedari kasih Tuhan. Keputusan endoskopi yang dilakukan pada 21 Oktober adalah normal. Tahap kolesterol adalah normal dan tekanan darah juga normal. Ia adalah kuasa doa!
Pengalaman ini memberikan saya keimanan yang lebih kuat. Saya mempunyai masalah jantung, dan saya menulis surat kepada Rev. Jaerock Lee untuk mendoakan saya. Dia berdoa untuk saya dalam salah satu perkhidmatan ibadat Jumaat sepanjang malam ibadat di Gereja Pusat Manmin pada 11 November. Saya menerima doanya di Internet dari separuh perjalanan di seluruh dunia.
Dia berdoa, "Aku memerintahkan dalam nama Yesus Kristus, masalah jantung, hilanglah. Tuhan Bapa, jadikan dia sihat!"
Saya merasakan kerja kuat Roh Kudus sewaktu saya menerima doa

ini. Saya hampir jatuh ke bawah dengan kuasa yang kuat jika suami tidak menahan saya. Saya sedar selepas kira-kira 30 saat.

Saya melakukan angiografi yang pada 16 November. Doktor saya mencadangkannya kerana saya mempunyai masalah dengan salah satu arteri jantung. Ia dilakukan dengan kamera kecil diletakkan pada tiub kecil. Dan hasilnya benar-benar menakjubkan.

Doktor berkata, "Saya tidak pernah melihat jantung yang sihat seperti ini di dalam bilik ini dalam beberapa tahun."

Kegembiraan bergetar ke seluruh badan saya kerana saya merasakan tangan Tuhan apabila saya mendengar kata-kata doktor tersebut. Sejak itu saya mengambil keputusan untuk menjalani kehidupan yang berbeza. Saya mahu mendekati remaja yang diabaikan, dan sesiapa sahaja yang memerlukan Injil.

Dan Tuhan menjadikan impian saya menjadi kenyataan. Saya dan suami saya telah memulakan Gereja Manmin London sebagai pendakwah dan kami berdakwah tentang Tuhan yang hidup.

Ekstrak daripada Perkara Luar Biasa

# Kepatuhan

> Mentaati Firman Tuhan dengan 'Ya' dan 'Amen' adalah jalan pintas untuk mengalami kerja Tuhan.

Ketaatan penuh Yesus

Yesus mentaati keadilan syurga pertama

Orang yang mengalami kerja Tuhan melalui ketaatan

Ketaatan adalah bukti iman

Gereja Pusat Manmin menerajui evangelisme dunia dalam kepatuhan

Ketika Ia menampakkan diri sebagai manusia, Ia merendahkan diri dengan sangat taat kepada Tuhan. Meskipun hal itu membawa-Nya sampai kepada kematian, Dia tetap taat dan mati di kayu salib."

(Filipi 2:8)

Injil menunjukkan banyak kes di mana perkara yang sangat mustahil dijadikan mungkin dengan Tuhan Maha Kuasa. Terdapat perkara ajaib seperti matahari dan bulan berhenti dan laut dibelah apabila manusia menyeberanginya di tanah yang kering. Perkara sebegitu tidak boleh berlaku menurut keadilan syurga pertama, tetapi ia mungkin menurut keadilan syurga ketiga atau lebih.

Bagi kita mengalami kerja Tuhan sebegitu, kita perlu memenuhi syaratnya. Terdapat beberapa syarat yang perlu dipenuhi dan antaranya, kepatuhan sangat penting. Mentaati Firman Tuhan Maha Kuasa dengan 'Ya' dan 'Amen', inilah jalan pintas untuk mengalami kerja Tuhan.

1 Samuel 15:22 menyatakan, "Samuel menjawab, 'Yang mana lebih berkenan kepada TUHAN: korban bakaran dan persembahankah atau mentaati perintah TUHAN? Lebih baik mentaati-Nya daripada memberikan persembahan kepada-Nya. Lebih baik mendengarkan kata-kata-Nya daripada mempersembahkan lemak kambing biri-biri jantan.'"

Ketaatan penuh Yesus

Yesus mentaati kehendak Tuhan sehingga dia disalib untuk menyelamatkan umat manusia yang merupakan pendosa. Kita boleh diselamatkan dengan iman melalui ketaatan seperti Yesus. Untuk memahami bagaimana kita boleh diselamatkan dengan iman kita kepada Yesus, mula-mula, kita perlu mempertimbangkan bagaimana manusia menempuhi jalan kematian terlebih dahulu.

Sebelum Adam menjadi seorang pendosa, dia menikmati kehidupan abadi dalam Taman Eden. Namun semenjak dia berdosa dengan memakan buah daripada pohon yang dilarang Tuhan, mengikut hukum dunia rohani yang mengatakan 'upah dosa adalah kematian' (Roma 6:23), dia perlu mati dan masuk ke Neraka.

Namun setelah mengetahui Adam akan ingkar, walaupun sebelum ia berlaku, Tuhan mempersiapkan Yesus Kristus. Hal ini untuk membuka cara penyelamatan dalam keadilan Tuhan. Yesus yang merupakan Firman menjadi daging, dilahirkan di dunia ini dalam jasad manusia.

Disebabkan Tuhan bernubuat tentang Penyelamat, al-Masih, syaitan dan Iblis juga mengetahui tentang sang Penyelamat. Syaitan sentiasa mencari peluang untuk membunuh Penyelamat. Apabila tiga orang majusi berkata Yesus dilahirkan, syaitan menghasut Raja Herod untuk membunuh semua bayi lelaki di bawah umur dua tahun.

Selain itu, syaitan juga menghasut orang fasik untuk menyalib Yesus. Syaitan berasa jika dia boleh membunuh Yesus yang perlu turun untuk menjadi Penyelamat, maka dia akan membawa semua pendosa masuk Neraka dan mengawal mereka selama-lamanya.

Disebabkan Yesus tidak ada dosa asal atau dosa yang dilakukan dengan sendiri, Dia tidak diarahkan untuk mati mengikut hukum keadilan yang mengatakan upah dosa adalah kematian. Begitu pun, syaitan sendiri mengetuai pembunuhan Yesus dan oleh itu, melanggar hukum keadilan.

Hasilnya, Yesus yang maksum mengatasi kematian dan dibangkitkan. Kini, sesiapa yang beriman dengan Yesus Kristus boleh diselamatkan dan memperoleh kehidupan abadi. Pada mulanya, menurut hukum keadilan mengatakan upah dosa ialah kematian, Adam dan keturunannya ditakdirkan melalui jalan kematian, namun setelah itu, jalan penyelamatan dibuka melalui Yesus Kristus. Inilah 'misteri yang tersembunyi sejak zaman-berzaman' dalam 1 Korintus 2:7.

Yesus tidak pernah berfikir seperti ini, "Mengapa perlu aku dibunuh untuk pendosa walaupun aku tiada dosa?" Dia dengan relanya mengambil salib untuk disalib mengikut rezeki Tuhan. Melalui ketaatan yang menyeluruh dan lengkap ini Yesus membuka laluan untuk penyelamatan kita.

Yesus mentaati keadilan syurga pertama

Sewaktu sepanjang hidup-Nya di bumi, Yesus mentaati kehendak Tuhan dengan menyeluruh dan hidup mengikut hukum keadilan syurga pertama. Walaupun Dia Tuhan dalam sifat-Nya tersendiri, Dia memasuki jasad manusia dan Dia mengalami keletihan, rasa lapar, kesakitan, kekecewaan dan kesunyian seperti manusia.

Sebelum Dia memulakan dakwah-Nya secara umum, Dia berpuasa selama 40 hari. Walaupun Dia merupakan pakar dalam segala perkara, Dia menangis teresak-esak dan berdoa tanpa putus. Dia diuji oleh syaitan tiga kali sehingga penghujung puasa 40 hari-Nya dan Dia menghalau syaitan keluar dengan Firman Tuhan tanpa digoda atau tergoyah sekali pun.

Selain itu, Yesus memiliki kuasa Tuhan, maka dia boleh mengeluarkan sebarang jenis mukjizat dan perkara yang hebat. Namun, dia hanya menampakkan mukjizat hanya apabila perlu mengikut rezeki Tuhan. Dia menunjukkan kuasa Anak Tuhan dengan kejadian sebegitu seperti membuat wain daripada air dan memberi makan 5,000 orang dengan lima buku roti dan dua ekor ikan.

Jika Dia mahu, Dia boleh memusnahkan semua orang yang meremehkan dan menyalib-Nya. Namun, Dia menerima hukuman dan makian dengan senyap dan ketaatan, Dia disalib. Dia merasa semua penderitaan dan kesakitan sebagai manusia dan Dia menumpahkan segala darah dan air-Nya.

Ibrani 5:8-9 menyatakan, "Sekalipun Ia adalah Anak, Ia telah belajar menjadi taat dari apa yang telah diderita-Nya. Setelah Yesus disempurnakan, Dia menjadi sumber keselamatan untuk selama-lamanya bagi semua orang yang patuh kepada-Nya."

Disebabkan Yesus memenuhi hukum keadilan melalui ketaatan-Nya yang menyeluruh, sesiapa yang menerima Tuhan Yesus dan hidup dalam kebenaran boleh menjadi hamba kesalihan dan mencapai penyelamatan tanpa perlu melalui jalan kematian sebagai hamba dosa (Roma 6:16).

Orang yang mengalami kerja Tuhan melalui ketaatan

Walaupun Dia Anak Tuhan, Yesus memenuhi rezeki Tuhan kerana Dia benar-benar taat. Maka, berapa banyak pula perlu kita sebagai makhluk biasa ini taat dengan sepenuhnya untuk mengalami kerja Tuhan? Taat sepenuhnya adalah perlu.

Dalam Yohanes bab 2, Yesus melakukan keajaiban dengan menukar air menjadi wain. Apabila mereka kehabisan wain di jamuan, Maria sang Perawan dengan khusus mengarahkan hamba untuk melakukan apa-apa yang diarahkan oleh Yesus. Dia mengarahkan hamba untuk 'mengisi cerek dan kemudian keluarkan air tersebut dan bawa kepada tuan kenduri'. Apabila tuan kenduri merasa air tersebut, air tersebut sudah pun bertukar menjadi wain yang elok.

Jika hamba tersebut tidak mematuhi arahan Yesus untuk membawa air kepada tuan kenduri, mereka tidak dapat mengalami keajaiban wain. Kerana Maria sang Perawan sangat mengetahui akan hukum ketaatan dan keadilan, dia meminta agar hambanya benar-benar mematuhi-Nya.

Kita juga boleh mempertimbangkan kepatuhan Petrus. Petrus tidak menangkap seekor ikan pun sepanjang malam tersebut. Namun, apabila Yesus memerintahkan, "Pergilah ke tempat yang lebih dalam airnya. Tebarkanlah jala-jalamu di sana untuk menangkap ikan", Petrus mentaati-Nya dengan berkata, "Guru, kami sudah bekerja keras semalam suntuk dan sama sekali tidak mendapat apa-apa, tetapi kerana Engkau mengatakannya, aku akan menurunkan jalaku." Maka, mereka menangkap sejumlah ikan yang banyak dan jala mereka mula putus (Lukas 5:4-6).

Disebabkan Yesus yang bersama dengan Tuhan sang Pencipta bercakap dengan suara asli, sejumlah ikan mematuhi arahan-Nya dengan segera dan masuk ke dalam jala. Namun, jika Petrus tidak mematuhi perintah Yesus, apa yang akan terjadi? Jika dia berkata, "Guru, saya tahu cara menangkap ikan lebih baik daripada guru. Kami cuba menangkap ikan seharian suntuk dan sekarang kami sangat letih. Kami rasa sudah cukup untuk hari ini. Lebih leceh untuk meletakkan jala dalam air yang dalam dan membiarkannya jatuh" maka, tiada keajaiban akan berlaku.

Seorang janda di Sarfat dalam 1 Raja-raja bab 17 juga mengalami kerja Tuhan melalui ketaatannya. Selepas kemarau yang panjang, makanan semakin berkurangan dan yang tinggal hanyalah segenggam tepung dan sedikit minyak. Pada suatu hari, Elia datang berjumpa dengannya dan meminta makanan dengan berkata, "TUHAN Israel mengatakan, 'Tepung dalam guci itu tidak akan habis dan minyak dalam kendi tidak pernah kosong. Kendi itu selalu berisi minyak. Hal itu akan berlanjut hingga TUHAN menurunkan hujan ke tanah.'" (1 Raja-raja 17:14).

Janda tersebut dan anaknya terpaksa menunggu sehingga hari mereka akan mati selepas memakan sedikit makanan yang terakhir. Walau bagaimanapun, dia beriman dan mentaati Firman Tuhan yang disampaikan oleh Elia. Dia memberikan semua makanannya kepada Elia. Kini, Tuhan melakukan keajaiban bagi wanita taat seperti yang Dia janjikan. Semangkuk tepung tidak digunakan dan satu jar minyak tidak kering sehingga kemarau yang hebat berakhir. Janda itu dan anaknya serta Elia terselamat.

Ketaatan adalah bukti iman

Markus 9:23 menyatakan, "Jawab Yesus, 'Katamu jika Engkau dapat?' Tidak ada yang mustahil bagi orang yang percaya.'"

Hal ini merupakan hukum keadilan dengan mengatakan kita percaya, maka kita boleh mengalami kerja Tuhan maha kuasa. Jika kita berdoa dengan iman, maka penyakit akan hilang dan jika kita mengarahkan dengan iman, maka roh jahat akan keluar dan segala kesukaran dan dugaan akan pergi. Jika kita berdoa dengan iman, kita boleh menerima rahmat kewangan. Semua perkara mungkin dengan iman!

Perbuatan taat yang menyaksikan bahawa kita memiliki iman untuk menerima jawapan mengikut hukum keadilan. Yakobus 2:22 menyatakan, "Jadi, kamu dapat melihat bahawa iman dan perbuatan Abraham bekerja sama. Imannya menjadi sempurna karena perbuatannya." Yakobus 2:26 memberitahu kita, "Sebagaimana tubuh tanpa roh adalah tubuh yang mati, begitu juga iman tanpa perbuatan adalah iman yang mati."

Elia bertanya kepada janda Sarfat untuk membawa makanan terakhirnya kepadanya. Jika dia berkata, "Aku tahu kamu manusia Tuhan dan saya percaya Tuhan akan merahmati saya dan makanan saya tidak akan habis," tetapi tidak patuh, maka dia tidak akan mengalami sebarang kerja Tuhan. Hal ini kerana tindakannya tidak akan menunjukkan bukti imannya.

Namun janda itu mempercayai kata-kata Elia. Sebagai bukti imannya, dia membawa Elia makanannya yang terakhir, patuh akan kata-katanya. Tindakan taat ini menjadi saksi kepada imannya dan keajaiban berlaku mengikut hukum keadilan yang mengatakan segala perkara mungkin bagi orang yang percaya.

Untuk mencapai bayangan dan mimpi yang dikurniakan Tuhan, iman dan ketaatan kita sangat penting. Ketua keluarga seperti Abraham, Yakub dan Yosef meletakkan Firman Tuhan dalam minda mereka dan patuh.

Semasa Yosef muda, Tuhan mengurniakannya mimpi menjadi seorang lelaki yang mulia. Yosef bukan sahaja mempercayai mimpi tersebut tetapi dia juga sentiasa mengingatinya dan tidak mengubah fikiran sehingga dia mencapai mimpi tersebut. Dia mencari kerja Tuhan dalam mana-mana situasi dan mengikuti panduan Tuhan.

Disebabkan dia menjadi hamba dan banduan selama 13 tahun, dia tidak meragui mimpi yang dikurniakan Tuhan kepadanya, walaupun realiti tampak bertentangan dengan mimpinya. Dia cuma menjalani kehidupan yang salih dengan mentaati perintah Tuhan. Tuhan melihat iman dan ketaatannya dan memenuhi mimpinya. Semua dugaan akan berakhir, dan pada umur 30 dia menjadi lelaki kedua paling berkuasa di seluruh negara Mesir daripada Firaun, sang raja.

Gereja Pusat Manmin menerajui evangelisme dunia dalam kepatuhan

Kini Gereja Pusat Manmin mempunyai lebih daripada sepuluh ribu cawangan/gereja bersekutu di seluruh dunia dan menyampaikan perkhabaran Injil kepada setiap pelusuk dunia melalui perkhidmatan Internet, TV satelit dan media lain. Gereja mula menunjukkan tindakan ketaatan mengikut hukum keadilan daripada mula berdakwah hingga kini.

Sejak saat saya bertemu Tuhan, segala penyakit saya disembuhkan dan impian saya adalah untuk menjadi orang kanan yang baik dalam pandangan Tuhan yang akan memuliakan Tuhan dan membantu ramai orang miskin. Namun pada suatu hari Tuhan memanggil saya hamba-Nya dengan berkata, "Aku memilih kamu sebagai hamba-Mu sebelum zaman bermula." Dia berkata jika saya sudah mempersiapkan diri saya dengan Firman Tuhan selama tiga tahun, saya akan menyeberangi laut, sungai dan gunung dan melakukan tanda keajaiban di mana-mana saya pergi.

Hakikatnya, saya masih orang beriman yang masih baharu. Saya seorang introvert dan sukar untuk berucap di hadapan orang ramai. Walau bagaimanapun, saya mentaatinya tanpa alasan dan menjadi hamba Tuhan. Saya lakukan yang terbaik untuk hidup mengikut Firman Tuhan dalam 66 buah kitab Injil dan saya berdoa dengan berpuasa mengikut panduan Roh Kudus. Saya taat sama seperti yang diperintahkan Tuhan.

Apabila saya mempunyai perjuangan bersaiz mega di luar

negara, saya tidak merancang atau bersedia akan sesi ini dengan cara saya kerana saya hanya mentaati perintah Tuhan. Saya hanya pergi ke tempat yang Dia arahkan. Untuk perjuangan bersaiz mega, ia mengambil masa beberapa tahun untuk bersedia, namun jika Tuhan yang mengarahkan, kami menyediakan sesi tersebut hanya dalam beberapa bulan.

Walaupun kami tidak mempunyai wang yang mencukupi untuk mengadakan perjuangan bersaiz mega, jika kita berdoa, maka Tuhan memenuhi kewangan kita setiap kali. Kadang kala Tuhan memerintahkan saya untuk pergi ke negara di mana menyampaikan perkhabaran Injil tidak mungkin berlaku.

Pada tahun 2002, semasa kami bersiap sedia untuk perjuangan di Chennai, India, kerajaan Tamil Nadu mengumumkan ordinan baharu melarang penukaran secara paksa. Ordinan mengawal selia bahawa tiada sesiapa yang perlu menukar atau mencuba untuk menukar sesiapa daripada satu agama kepada agama yang lain dengan paksaan atau daya pemikat atau mana-mana cara fraud. Perbuatan melanggar ordinan ini boleh membawa hukuman penjara sehingga lima tahun dan denda, jika mualaf tersebut "seorang belum dewasa, wanita atau individu yang tergolong dalam Kasta Berjadual atau Puak Berjadual". Denda sebanyak Rs.1 lakh adalah 100,000 rupee yang bernilai upah dua ribu hari.

Perjuangan kami di Marina Beach mensasarkan bukan sahaja orang Kristian India tetapi juga ramai orang Hindu yang terdiri daripada 80% seluruh populasi.

Ordinan Larangan Penukaran Serta Paksa sepatutnya dikuatkuasakan bermula hari pertama perjuangan kami. Maka, saya berasa bersedia untuk dimasukkan dalam penjara apabila saya menyampaikan perkhabaran Injil di atas pentas perjuangan. Beberapa orang memberitahu saya bahawa polis Tamil Nadu akan datang dan menonton perjuangan kami untuk merakam ceramah saya.

Dalam situasi yang berbahaya ini, menteri India dan ahli jawatankuasa penganjur berasa tertekan dan tegang. Tetapi saya menjadi berani dan mentaati Tuhan kerana Tuhan memerintahkannya. Saya tidak khuatir akan ditangkap atau dimasukkan dalam penjara, dan dengan beraninya saya mengisytiharkan bahawa Tuhan sang Pencipta dan Penyelamat Yesus Kristus.

Maka, Tuhan melaksanakan perkara yang hebat. Semasa memberi ceramah, saya berkata, "Jika anda datang untuk memiliki iman dalam hati, berdiri dan berjalanlah." Pada ketika itu, seorang budak lelaki berdiri dan berjalan. Sebelum budak lelaki itu menghadiri perjuangan, sendi antara pinggul dan pinggang terputus semasa pembedahan dan disambungkan kedua-duanya dengan plat logam. Dia menderita daripada kesakitan yang hebat selepas pembedahan dan tidak boleh berjalan tanpa tongkat. Namun setelah saya mengarahkan, "Berdiri dan berjalan," dia dengan segera membuang tongkatnya dan mula berjalan.

Pada hari tersebut, selain daripada keajaiban budak lelaki remaja ini, banyak kerja hebat kuasa Tuhan berlaku. Orang buta dapat melihat, orang pekak dapat mendengar dan orang bisu boleh bercakap. Mereka bangun daripada kerusi roda mereka dan membuang tongkat mereka. Berita ini tersebar dengan pantas ke bandar dan ramai orang lagi berkumpul keesokan harinya.

Sejumlah tiga juta orang menghadiri mesyuarat dan lebih mengejutkan lagi, lebih daripada 60% yang hadir itu beragama Hindu. Mereka mempunyai tanda Hindu pada dahi mereka. Setelah mereka mendengar mesej dan menyaksikan kerja berkuasa Tuhan, mereka menanggalkan tanda mereka dan bertekad untuk memeluk agama Kristian.

Perjuangan membawa penyatuan orang Kristian tempatan dan akhirnya ordinan yang menentang penukaran secara paksa dimansuhkan. Kerja yang begitu hebat dilakukan melalui ketaatan terhadap Firman Tuhan. Kini, untuk mengalami kerja Tuhan yang begitu hebat, apa yang perlu kita taati secara khusus?

Mula-mula, kita perlu mentaati 66 buah kitab Injil.

Kita bukan setakat mentaati Firman Tuhan sahaja apabila Tuhan sendiri muncul di hadapan kita dan memberitahu sesuatu. Kita perlu mentaati kata-kata yang tertulis dalam 66 buah kitab Injil pada setiap masa. Kita perlu memahami kehendak Tuhan dan mentaatinya melalui Injil dan barulah kita boleh mentaati mesej yang disampaikan dalam gereja. Iaitu kata-kata yang mengarahkan kita untuk berbuat sesuatu, melarang sesuatu, memelihara atau membuang perkara tertentu adalah peraturan keadilan Tuhan, maka kita perlu mentaatinya.

Misalnya, anda mendengar bahawa anda perlu bertaubat akan dosa anda dengan air mata dan hidung yang meleleh. Inilah hukum yang mengatakan kita boleh menerima jawapan daripada Tuhan hanya selepas kita memusnahkan dinding dosa yang berdiri antara Tuhan dan kita (Yesaya 59:1-2). Selain itu, anda terdengar bahawa anda perlu berteriak dalam doa. Inilah kaedah doa yang memakbulkan mengikut hukum yang mengatakan kita makan hasil titik peluh dan usaha kita (Lukas 22:44).

Untuk bertemu dengan Tuhan dan menerima jawapan-Nya, kita perlu bertaubat akan dosa kita terlebih dahulu dan berteriak dalam doa kita meminta apa yang kita perlukan. Jika sesiapa meruntuhkan dinding dosanya, berdoa dengan segala kudrat dan menunjukkan amalan beriman, dia boleh bertemu Tuhan dan dimakbulkan doanya. Inilah hukum keadilan.

Kedua, kita perlu beriman dan mentaati kata-kata hamba Tuhan yang bersama dengan-Nya.

Sejurus selepas membuka gereja, seorang pesakit kanser dibawa ke gereja di atas pengusung untuk menghadiri sesi penyembahan. Saya meminta dia untuk berdiri semasa menghadiri penyembahan. Isterinya memaut belakangnya dan dia hampir tidak boleh duduk semasa sesi penyembahan. Tidakkah saya tahu betapa sukarnya untuk dia duduk kerana dia sangat sakit dan perlu dibawa di atas pengusung? Tetapi saya memberinya nasihat dengan ilham Roh Kudus dan dia mentaatinya.

Melihat ketaatannya, Tuhan terus mengurniakan penyembuhan ilahi kepadanya. Iaitu, semua kesakitannya hilang dan dia boleh berdiri dan berjalan dengan sendirinya.

Sama seperti janda Sarfat yang patuh akan kata-kata Elia dengan mempercayai manusia Tuhan, kepatuhan lelaki tersebut menjadi laluan untuk jawapan Tuhan kepadanya. Dia tidak boleh disembuhkan dengan imannya sendiri. Namun dia mengalami kuasa penyembuhan Tuhan kerana dia mematuhi kata-kata manusia Tuhan yang melaksanakan kerja Tuhan.

Ketiga, kita perlu mentaati kerja Roh Kudus.

Seterusnya, untuk menerima jawapan daripada Tuhan, kita perlu mengikut suara Roh Kudus dengan segera yang diberi semasa kita berdoa dan mendengar ceramah. Hal ini kerana Roh Kudus tinggal dalam diri kita dan membimbing kita ke arah jalan kerahmatan dan jawapan mengikut hukum keadilan.

Misalnya, sewaktu ceramah, jika Roh Kudus mendesak anda untuk lebih banyak berdoa selepas penyembahan, anda perlu taat sahaja. Jika anda taat, anda mungkin boleh bertaubat akan dosa anda yang belum diampuni buat masa yang lama atau menerima hadiah bahasa dalam hawa kurnia Tuhan. Kadangkala, sesetengah rahmat akan datang semasa anda berdoa.

Semasa saya seorang penganut baharu, saya perlu bekerja keras di tapak binaan untuk mencari rezeki. Saya berjalan pulang ke rumah dengan tubuh yang letih hanya untuk berjimat pada tambang bas. Namun jika Roh Kudus menggerakkan hati saya untuk menawarkan jumlah tertentu untuk korban pembinaan gereja atau korban kesyukuran, saya patuh sahaja.

Saya memberi tanpa berfikir menggunakan fikiran sendiri. Jika saya tiada wang, saya bersumpah untuk memberi kepada Tuhan pada tarikh tertentu. Saya memperoleh wang dengan segala usaha saya pada tarikh yang dijanjikan dan memberikan wang tersebut kepada Tuhan. Apabila saya taat, Tuhan merahmati saya dengan lebih banyak perkara yang Dia sediakan.

Tuhan melihat ketaatan kita dan membuka pintu jawapan dan rahmat. Bagi saya secara peribadi, Dia mengurniakan saya pelbagai jawapan besar dan kecil kepada apa-apa yang saya minta dan bukan setakat dari segi kewangan. Dia memberi saya apa-apa yang saya minta hanya jika saya mentaati-Nya dengan iman.

2 Korintus 1:19-20 menyatakan, "Karena Yesus Kristus, Anak Tuhan, yang telah kami beritakan di tengah-tengah kamu, iaitu olehku dan oleh Silwanus dan Timotius, bukanlah ya dan tidak, tetapi sebaliknya di dalam Dia hanya ada ya. Sebab Kristus adalah ya bagi semua janji Tuhan. Itulah sebabnya oleh Dia kita mengatakan "Amin" untuk memuliakan Tuhan."

Untuk kita mengalami kerja Tuhan mengikut hukum keadilan, kita perlu menunjukkan amalan keimanan melalui ketaatan kita. Seperti Yesus yang menjadi teladan, hanya jika kita patuh tanpa mengira keadaan atau situasi kita, maka kerja Tuhan akan berlaku dengan hebatnya di hadapan kita. Saya berharap anda semua akan mentaati Firman Tuhan dengan hanya 'Ya' dan 'Amen' dan mengalami kerja Tuhan dalam kehidupan harian anda.

Dr. Paul Ravindran Ponraj (Chennai, India)
- Pegawai Dewan Kanan, Pembedahan Kardiotorasik di Hospital Awam Southampton, UK
- Pendaftar Pembedahan Kardiotorasik di Hospital St. Georges, London, U.K.
- Pendaftar Kanan Pembedahan Kardiotorasik, Hospital HAREFIELD, Middlesex, U.K.
- Doktor Bedah Kardiotorasik, Hospital Willingdon, Chennai

Kuasa Tuhan melampaui perubatan

Saya sudah menggunakan sapu tangan yang membawa pengurapan pada ramai pesakit yang sakit dan melihat mereka sembuh. Saya sentiasa menyimpan sapu tangan dalam poket kemeja saya semasa dalam bilik pembedahan, membedah. Saya mahu menceritakan semula keajaiban yang berlaku pada tahun 2005.

Seorang lelaki yang berumur 42 tahun yang bekerja sebagai kontraktor pembinaan daripada salah satu bandar di negeri Tamil Nadu datang kepada saya dengan penyakit arteri koronari dan perlu menjalani pembedahan pintasan arteri koronari. Saya menyediakan dia untuk dibedah dan dia dibedah. Pembedahan ini sangat ringkas iaitu 2 pembedahan cantuman pintasan (tanpa pam) dilakukan dengan jantung yang berdegup. Pembedahan itu berakhir dalam dua jam setengah.

Apabila dadanya ditutup, dia menjadi tidak stabil dengan ECG dan paras tekanan darah yang jatuh secara tidak normal. Saya membuka semula dadanya dan mendapati cantuman pintasan yang dilakukan sempurna. Dia dipindahkan ke makmal pengkateteran untuk melakukan pemeriksaan angiogram. Akhirnya mereka mendapat tahu bahawa semua salur darahnya dan salur darah yang besar di kakinya mengalami spasma tanpa darah mengalir. Sebab hal ini berlaku sehingga kini tidak dapat dirungkaikan.

Tiada harapan untuk lelaki ini. Dia dibawa ke bilik pembedahan dengan urutan jantung luaran dan dadanya dibuka sekali lagi dan jantungnya diurut selama lebih daripada 20 minit. Dia bersambung dengan mesin paru-paru jantung.

Pelbagai ubat vasodilator diberi untuk melegakan spasma tetapi tiada tindak balas. Dia mengekalkan tekanan darah yang hebat pada pam sebanyak 25 hingga 30 mmHg. selama lebih daripada 7 jam dan saya sedar bahawa bekalan darah dan oksigen pada tekanan tersebut masih tidak mencukupi untuk otaknya berfungsi.

Pada penghujung 18 jam bergelut dan 7 jam jantungnya dipam tanpa tindak balas yang positif, kami membuat keputusan untuk menutup dadanya dan mengesahkan bahawa pesakit ini mati. Saya melutut dan berdoa. Saya berkata, "Tuhan, jika ini yang kau mahukan, maka aku redha." Saya memulakan pembedahan ini dengan doa dan saya

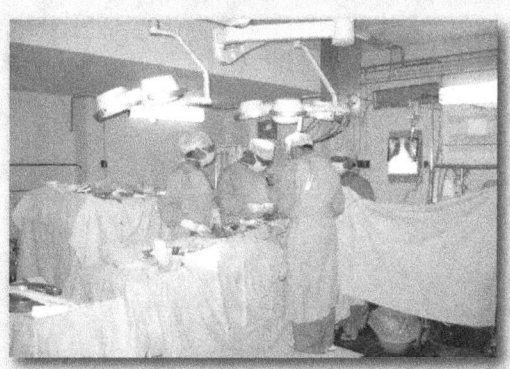

Dr. Paul Ponraj melakukan pembedahan (tengah)

membawa sapu tangan yang dilumur yang diberikan oleh Dr Jaerock Lee dalam poket saya, dan saya teringat akan ayat dalam Kisah Para Rasul 19:12. Saya berdiri selepas berdoa dan memasuki bilik pembedahan apabila dadanya ditutup sebelum mengisytiharkan bahawa pesakit ini mati.

Perubahan mendadak berlaku dan pesakit menjadi sangat normal. ECG menjadi sangat normal. Semua ahli pasukan terkejut dan salah satu ahli pasukan tersebut, yang merupakan orang tidak beriman berkata Tuhan yang saya imani telah memuliakan saya. Ya, benar apabila anda berjalan dengan keimanan, anda berada dalam tengah-tengah keajaiban dan pada penghujung bencana. Lelaki ini keluar daripada hospital tanpa kecacatan neurologi melainkan sedikit bengkak di kaki kanannya. Dia bersaksi dalam ruang doa bahawa dia akan melaksanakan kerja Tuhan apabila dia menerima peluang kedua.

Ekstrak daripada Perkara Luar Biasa

Bab 6 Keimanan

> Jika kita mempunyai iman yang sangat teguh, kita boleh menurunkan kuasa Tuhan walaupun semasa menghadapi situasi yang tampak mustahil.

Hati yang ikhlas dan iman yang sangat teguh

Hubungan antara keimanan dan keikhlasan

Meminta dengan iman yang sangat teguh

Abraham dengan hati yang ikhlas dan iman yang sangat teguh

Untuk menyemai hati yang ikhlas dan iman yang sangat teguh

Ujian keimanan

Jihad Pakistan

"... kerana itu marilah kita menghadap Tuhan dengan hati yang tulus ikhlas dan keyakinan iman yang teguh, oleh kerana hati kita telah dibersihkan dari hati nurani yang jahat dan tubuh kita telah dibasuh dengan air yang murni."

──────────────────

(Ibrani 10:22)

Orang menerima jawapan daripada Tuhan dalam pelbagai langkah-langkah berbeza. Sesetengah orang menerima jawapan hanya dengan berdoa sekali atau hanya dengan mengingininya dalam hati mereka manakala orang lain perlu berpuasa dan berdoa berhari-hari. Bagi sesetengah orang, mereka melakukan keajaiban, mengawal kuasa kegelapan dan menyembuhkan orang sakit melalui doa keimanan (Markus 16:17-18). Berlainan pula, sesetengah orang berkata mereka berdoa dengan keimanan, tetapi tiada mukjizat atau keajaiban yang berlaku melalui doa mereka.

Jika sesiapa menderita daripada penyakit walaupun dia seorang yang beriman dengan Tuhan dan dia berdoa, dia perlu memikirkan tentang imannya. Kata-kata dalam Injil adalah kebenaran tidak pernah berubah selama-lamanya, dan oleh itu, jika sesiapa yang mempunyai iman yang boleh diakui oleh Tuhan, dia boleh menerima apa-apa yang diminta. Yesus berjanji kepada kita dalam Matius 21:22, "Apa saja yang kalian minta dalam doamu, kalian akan menerimanya, asalkan kalian percaya." Apakah sebab orang menerima jawapan daripada Tuhan dalam langkah-langkah berbeza?

Hati yang ikhlas dan iman yang sangat teguh

Ibrani 10:22 menyatakan, "... kerana itu marilah kita menghadap Tuhan dengan hati yang tulus ikhlas dan keyakinan iman yang teguh, oleh kerana hati kita telah dibersihkan dari hati nurani yang jahat dan tubuh kita telah dibasuh dengan air yang murni." Hati yang tulus ikhlas di sini bermakna hati sejati yang tiada kepalsuan. Inilah hati yang menyerupai hati Yesus Kristus.

Secara ringkasnya, kepastian keimanan secara menyeluruh adalah iman yang sempurna. Hal ini dilakukan dengan mempercayai segala kata-kata dalam 66 buah kitab Injil tanpa sebarang keraguan dan memelihara semua perintah Tuhan. Sehingga tahap kita memiliki hati yang tulus ikhlas, barulah kita boleh memiliki iman yang sempurna. Pengakuan orang yang berjaya memiliki hati sejati adalah pengakuan iman yang sejati. Tuhan memakbulkan doa orang sebegini dengan segera.

Ramai orang mengakui iman mereka di hadapan Tuhan, tetapi keikhlasan mereka dalam pengakuan adalah sangat berbeza. Terdapat orang yang pengakuan imannya adalah 100% benar kerana hati mereka 100% ikhlas, manakala terdapat orang lain yang pengakuan imannya hanya 50% benar kerana hati mereka hanya 50% ikhlas. Jika hati seseorang hanya 50% ikhlas, Tuhan akan berkata, "Kau hanya mempercayai aku separuh sahaja." Keikhlasan yang terkandung dalam pengakuan iman seseorang adalah ukuran keimanan seseorang yang diakui Tuhan.

Hubungan antara keimanan dan keikhlasan

Dalam hubungan kita dengan orang lain, dengan mengatakan kita mempercayai orang lain dan sehingga tahap sebenar kita percaya orang tersebut boleh jadi agak berbeza. Misalnya, apabila ibu keluar dan meninggalkan anak kecil mereka di rumah, apa yang mereka katakan? Mereka mungkin berkata, "Kamu jangan nakal dan duduk di rumah. Anakku, ibu percayakan kamu." Adakah ibu itu benar-benar mempercayai anaknya?

Jika seorang ibu benar-benar mempercayai anaknya, dia tidak perlu berkata, "Ibu percayakan kamu." Dia boleh berkata saja, "Ibu akan balik pada pukul berapa dan berapa." Namun dia menambah sedikit lagi arahan apabila anaknya tidak dipercayai. Dia mungkin menambah, "Ibu baru kemas rumah, jadi jangan sepahkan rumah. Jangan sentuh barang mekap ibu dan kamu jangan hidupkan api di dapur." Dia akan beritahu segala perkara yang kurang disenanginya dan sebelum dia keluar, dia beritahu anak-anaknya, "Ibu percayakan kamu, jadi dengar ya cakap ibu..."

Jika tahap kepercayaan lagi sedikit, selepas dia memberitahu anak-anaknya apa yang perlu dilakukan, dia mungkin menghubungi rumah dan memeriksa perkara yang dilakukan anaknya. Dia bertanya, "Apa yang kamu buat sekarang? Semuanya OK?" dan cuba mendapat tahu apa yang dilakukan anaknya. Dia berkata dia mempercayai anaknya tetapi dalam hatinya dia belum mempercayai mereka sepenuhnya. Langkah-langkah kepercayaan ibu bapa terhadap anak mereka adalah sangat berbeza.

Anda boleh mempercayai anak tertentu lebih daripada anak yang lain mengikut betapa ikhlasnya dan kebolehpercayaan mereka yang sebenar. Jika mereka mendengar kata ibu bapa mereka setiap masa, ibu bapa mereka boleh mempercayai anak mereka sebanyak 100%. Apabila ibu bapa berkata, "Ibu/bapa percayakan kamu," kenyataan ini benar.

Meminta dengan iman yang sangat teguh

Jika seorang kanak-kanak yang dipercayai secara 100% oleh ibu bapanya meminta sesuatu, ibu bapa tersebut mungkin akan memberi apa-apa yang dimintanya. Mereka tidak perlu bertanya kepadanya, "Apa yang kamu nak buat dengan benda itu?" "Kamu betul-betul kena guna sekarang kah?" dan seterusnya. Mereka boleh sahaja berikan kepadanya dengan kepercayaan penuh sambil berfikir, 'Dia memintanya kerana ia benar-benar penting. Dia tidak akan membazirkan apa-apa pun.'

Namun, jika ibu bapa tersebut tidak mempunyai langkah kepercayaan yang menyeluruh, mereka hanya akan bersetuju apabila mereka boleh memahami sebab yang betul bagi permintaan anak mereka. Semakin kurang kepercayaan mereka, semakin kurang boleh mereka percaya akan apa yang dikatakan anak mereka dan mereka teragak-agak untuk memberikan apa yang diminta anak-anak. Jika anak mereka kerap meminta lagi dan lagi, kadangkala ibu bapa hanya berikan kepada mereka, bukan kerana mereka mempercayainya tetapi hanya kerana anak mereka sering meminta.

Prinsip ini berfungsi dengan cara yang sama antara Tuhan dan kita. Adakah anda mempunyai hati yang ikhlas agar Tuhan boleh mengakui iman anda secara 100% dengan berkata, "Anak lelaki-Ku, anak perempuan-Ku, adakah anda benar-benar mempercayai-Ku?"

Kita tidak perlu menjadi orang yang menerima daripada Tuhan hanya kerana kita sering meminta pagi dan malam. Kita perlu boleh menerima apa-apa sahaja yang kita minta dengan hidup dalam kebenaran dalam segala perkara, dengan tiada apa yang boleh kita cela (1 Yohanes 3:21-22).

Abraham dengan hati yang ikhlas dan iman yang sangat teguh

Sebab Abraham boleh menjadi bapa keimanan adalah kerana dia mempunyai hati sejati dan kepastian iman yang menyeluruh. Abraham beriman dengan janji Tuhan dan tidak pernah ragu-ragu dalam sebarang situasi.

Tuhan berjanji kepada Abraham apabila dia berumur 75 tahun, bahawa negara yang hebat akan terbentuk melaluinya. Tetapi untuk lebih daripada 20 tahun yang seterusnya daripada waktu tersebut, dia tidak memperoleh seorang anak. Apabila dia berumur 99 dan isterinya Sarah berumur 89 tahun, apabila mereka terlalu tua untuk mempunyai anak, Tuhan berkata dia akan dikurniakan anak selepas setahun. Roma 4:19-22 menerangkan situasi ini.

Ia menyatakan, "Sebab itu marilah kita mengejar apa yang mendatangkan damai sejahtera dan yang berguna untuk saling membangun. Janganlah engkau merosakkan pekerjaan Tuhan oleh kerana makanan! Segala sesuatu adalah suci, tetapi celakalah orang, jika oleh makanannya orang lain tersadung! Baiklah engkau jangan makan daging atau minum anggur, atau sesuatu yang menjadi batu sandungan untuk saudaramu. Berpeganglah pada keyakinan yang engkau miliki itu, bagi dirimu sendiri di hadapan Tuhan. Berbahagialah dia, yang tidak menghukum dirinya sendiri dalam apa yang dianggapnya baik untuk dilakukan."

Walaupun ia sesuatu yang sangat mustahil dengan kebolehan manusia, Abraham tidak pernah meragui tetapi beriman dengan janji Tuhan secara menyeluruh dan Tuhan mengakui iman Abraham. Tuhan membenarkan dia mempunyai anak, Ishak pada tahun depan, seperti yang dijanjikan-Nya.

Namun untuk Abraham menjadi bapa keimanan, terdapat ujian lain yang ada. Abraham dikurniakan dengan Ishak pada umur 100 tahun dan Ishak membesar dengan baik. Abraham sangat menyayangi anaknya. Pada waktu itu, Tuhan memerintahkan Abraham untuk menwarkan Ishak sebagai korban bakar dengan cara lembu atau kambing dijadikan korban bakar. Sewaktu zaman Perjanjian Lama, mereka menyiat kulit, memotong haiwan kepada ketulan daging dan kemudian mempersembahkannya sebagai korban bakar.

Ibrani 11:17-19 menerangkan dengan jelas akan cara Abraham bertindak pada ketika ini, "Kerana iman maka Abraham, tatkala ia diduga, mempersembahkan Ishak. Ia, yang telah menerima janji itu, rela mempersembahkan anaknya yang tunggal, walaupun kepadanya telah dikatakan: "Keturunan yang berasal dari Ishaklah yang akan disebut keturunanmu." Kerana ia berfikir, bahawa Tuhan berkuasa membangkitkan orang-orang sekalipun dari antara orang mati. Dan dari sana ia seakan-akan telah menerimanya kembali." (Ibrani 11:17-19 ESVUK).

Abraham mengikat Ishak pada mezbah dan dia hampir memotong anaknya dengan pisau. Pada ketika itu, seorang Malaikat daripada Tuhan muncul dan berkata, "Jangan bunuh anak itu dan jangan kau apa-apakan dia, sebab telah Aku ketahui sekarang, bahawa engkau takut akan Tuhan, dan engkau tidak segan-segan untuk menyerahkan anakmu yang tunggal kepada-Ku" (Kejadian 22:12). Melalui ujian ini, iman sempurna Abraham diakui oleh Tuhan dan dia membuktikan dirinya layak untuk menjadi Bapa Keimanan.

Untuk menyemai hati yang ikhlas dan iman yang sangat teguh

Saya pernah melalui detik di mana saya tiada harapan dan hanya menunggu mati. Namun, kakak saya membawa saya ke gereja dan hanya dengan melutut dalam rumah lindungan Tuhan, saya berasa semua penyakit saya disembuhkan dengan kuasa Tuhan. Ia merupakan jawapan bagi doa dan puasa kakak untuk saya.

Sejak saya menerima kasih dan hawa kurnia yang banyak daripada Tuhan, saya sangat mahu mengenali-Nya. Saya menghadiri banyak mesyuarat kebangkitan daripada segala jenis penyembahan untuk belajar tentang Firman Tuhan. Walaupun saya melakukan kerja yang sangat menuntut kudrat fizikal di tapak pembinaan, saya menghadiri mesyuarat doa subuh setiap pagi. Saya hanya mahu mendengar Firman Tuhan dan mempelajari kehendak-Nya dengan sebaik mungkin.

Apabila pastor mengajar kehendak Tuhan, saya cuma mentaatinya. Saya terdengar bahawa tidak baik bagi anak Tuhan untuk merokok atau minum alkohol, maka saya terus berhenti merokok dan minum alkohol. Semenjak saya terdengar saya perlu memberikan Tuhan korban dan zakat kita, saya tidak pernah terlepas memberikannya kepada Tuhan sehingga hari ini.

Apabila saya membaca kitab Injil, saya melakukan perkara yang diperintahkan Tuhan dan menjaga perkara yang diperintahkan Tuhan. Saya tidak melakukan perkara yang dilarang Injil. Saya berdoa dan berpuasa untuk membuang perkara yang diperintahkan Injil untuk kita buang. Jika tidak mudah untuk membuangnya, saya berpuasa untuk melakukannya. Tuhan mempertimbangkan usaha saya untuk membayar semula hawa kurnia Tuhan dan memberikan saya iman yang berharga.

Iman saya terhadap Tuhan menjadi semakin tegas setiap hari. Saya tidak pernah ragu akan Tuhan dalam sebarang ujian atau kesulitan. Hasil daripada mentaati Firman Tuhan, hati saya berubah menjadi hati yang ikhlas yang tidak mempunyai kepalsuan. Ia berubah menjadi hati yang baik dan suci untuk menjadi lebih serupa dengan hati Tuhan. Seperti yang dinyatakan dalam 1 Yohanes 3:21, "Saudara-saudaraku yang kekasih, jikalau hati kita tidak menuduh kita, maka kita mempunyai keberanian percaya untuk mendekati Tuhan;" saya meminta Tuhan apa-apa pun dengan iman yang teguh dan doa saya dimakbulkan.

Ujian keimanan

Sementara itu, pada Februari 1983, 7 bulan selepas membuka gereja, terdapat ujian besar pada iman saya. Tiga orang anak perempuan saya dan seorang pemuda ditemui diracuni gas karbon monoksida pada awal pagi hari Sabtu. Ia sejurus selepas penyembahan sepanjang malam Jumaat. Ia tidak kelihatan mungkin untuk mereka hidup semula lagi kerana mereka sudah menghidu gas tersebut sepanjang malam.

Biji mata mereka terbalik dan buih keluar daripada mulut mereka. Tubuh mereka tidak mempunyai sedikit pun tenaga dan mereka tergantung. Saya meminta ahli gereja untuk meletakkan mereka pada lantai rumah perlindungan, naik ke mezbah dan menawarkan Tuhan doa kesyukuran.

"Bapa Tuhan terima kasih. Kau memberi dan Kau mengambil mereka. Aku berterima kasih kepada Kau kerana mengambil anak perempuanku ke dalam pelukan Tuhan. Aku berterima kasih kepada-Mu, kerana mengambil mereka ke kerajaan Kau di mana tiada air mata, kekecewaan atau kesakitan."

"Namun disebabkan pemuda ini hanyalah ahli gereja ini, aku meminta Kau untuk membangkitkannya semula. Aku tidak mahu insiden ini mencemari nama-Mu..."

Setelah berdoa kepada Tuhan dengan cara ini, saya mula berdoa untuk pemuda tersebut dan kemudian untuk tiga orang anak perempuan saya, seorang demi seorang. Kemudian, tidak sampai beberapa minit pun saya berdoa kepada mereka, keempat-empat mereka berdiri dengan kesedaran yang jelas dengan aturan saya berdoa untuk mereka.

Disebabkan saya mempercayai dan mengasihi Tuhan sepenuhnya, saya ditawarkan doa kesyukuran tanpa menyimpan sebarang dendam atau perasaan kecewa dalam hati dan Tuhan tergerak hati dengan doa ini dan menunjukkan keajaiban yang hebat kepada kami. Ahli kami dapat memiliki iman yang lebih hebat melalui insiden ini. Iman saya diakui oleh Tuhan dengan lebih hebat dan saya menerima kuasa yang lebih besar daripada Tuhan. Iaitu, saya belajar cara untuk mengeluarkan gas berbahaya, walaupun ia bukan organisma hidup.

Apabila terdapat ujian keimanan, jika kita memperlihatkan iman kita yang tidak berubah kepada Tuhan, Dia akan mengakui iman dan memberi ganjaran kepada kita dengan rahmat. Walaupun musuh syaitan dan Iblis tidak boleh menuduh kita lagi kerana mereka juga melihat bahawa iman kita adalah iman sejati.

Daripada waktu itu, saya dapat mengatasi semua dugaan, sentiasa mendekati Tuhan dengan hati yang ikhlas dan iman yang sempurna. Setiap kali, saya menerima kuasa yang lebih hebat daripada atas. Dengan kuasa Tuhan yang diberi kepada saya dengan cara ini, Tuhan membenarkan saya mengadakan perjuangan bersatu di luar negara bermula tahun 2000.

Semasa saya mempersembahkan 40 hari puasa pada tahun 1982, sebelum membuka gereja, Tuhan menerimanya dengan gembira dan memberikan saya misi Evangelisme Dunia dan Membina Rumah Perlindungan Besar. Walaupun setelah lima atau sepuluh tahun, saya tidak dapat melihat mana-mana cara untuk melengkapkan misi tersebut. Namun, saya masih beriman bahawa Tuhan akan memenuhinya dan berdoa agar misi ini akan berterusan.

Selama 17 tahun seterusnya daripada pembukaan gereja, Tuhan merahmati kami untuk melengkapkan evangelisme dunia melalui perjuangan di luar negara bersaiz mega di mana kuasa Tuhan dizahirkan. Bermula di Uganda, kami juga mengadakan perjuangan bersatu di Jepun, Pakistan, Kenya, Filipina, India, Dubai, Rusia, Jerman, Peru, DR, Congo, Amerika Syarikat dan juga Israel di mana penyampaian perkhabaran Injil adalah hampir mustahil. Terdapat banyak kerja penyembuhan yang berlaku. Ramai orang bertukar agama daripada Hindu dan Islam. Kami memuliakan Tuhan dengan hebat.

Apabila tiba masanya, Tuhan membenarkan kami menerbitkan begitu banyak buku dalam pelbagai bahasa untuk menyampaikan perkhabaran Injil melalui penerbitan. Dia juga membenarkan kami menerbitkan saluran TV Kristian yang digelar Rangkain Kristian Global (GCN) dan rangkaian doktor perubatan Kristian, Rangkaian Doktor Kristian Sedunia (WDCN), semua ini untuk menyebarkan kerja kuasa Tuhan yang dizahirkan dalam gereja kami.

Jihad Pakistan

Terdapat banyak peristiwa yang kami atasi dengan iman di perjuangan luar negara, tetapi saya ingin bercerita tentang perjuangan Pakistan, terutamanya yang diadakan pada Oktober, 2000.

Pada hari perjuangan bersatu, kami mengadakan persidangan pendakwah. Walaupun kami sudah menerima kelulusan daripada kerajaan, lokasi persidangan ditutup apabila mereka ke sana pada waktu pagi. Kebanyakan populasi Pakistan adalah orang Islam. Terdapat ancaman keganasan yang menentang mesyuarat Kristian kami. Disebabkan mesyuarat kami disebarkan secara meluas oleh media, orang Islam cuba mengganggu perjuangan kami.

Kerana itulah kerajaan mengubah sikap mereka dengan tiba-tiba, mereka membatalkan kebenaran untuk menggunakan tempat tersebut dan menyekat orang yang datang untuk menghadiri persidangan tersebut. Walau bagaimanapun, saya tidak berasa terganggu atau pun terkejut dalam fikiran saya. Sebaliknya, apabila hati saya tersentuh, saya berkata, "Persidangan akan bermula tengah hari pada hari ini." Saya mengaku iman saya sambil pegawai polis bersenjata menyekat pagar dan tampak seperti tiada peluang untuk pegawai kerajaan untuk mengubah minda mereka.

Tuhan sudah tahu bahawa hal ini akan menjadi sebegini dan menyediakan menteri budaya dan sukan bagi kerajaan Pakistan yang boleh menyelesaikan masalah ini. Dia berada di Lahore untuk urusan dan semasa dia menuju ke lapangan terbang untuk kembali ke Islamabad, dia terdengar tentang situasi kami dan menghubungi jabatan polis dan pegawai kerajaan negeri agar mesyuarat ini boleh diadakan. Dia sehinggakan melewatkan pelepasan penerbangannya agar dia boleh datang dan mengunjungi lokasi di mana persidangan diadakan.

Dengan kerja hebat Tuhan, pagar tempat itu dibuka dan ramai orang yang berpusu-pusu masuk dengan sorakan dan berteriak kegembiraan. Mereka saling berpelukan dan mengalirkan air mata daripada emosi dan kegembiraan yang mendalam sambil memuliakan Tuhan. Hal ini berlaku betul-betul pada waktu tengah hari!

Keesokan harinya, di perjuangan, kerja hebat kuasa Tuhan dizahirkan dalam tengah-tengah sekumpulan orang Kristian yang paling ramai dalam sejarah Pakistan. Ia juga membuka jalan untuk tugas mubaligh di Timur Tengah. Sejak itu, kami memuliakan Tuhan dengan hebat di setiap negara yang kami adakan perjuangan kerana memiliki orang paling ramai dan kerja Tuhan yang paling berkuasa.

Sama seperti kita boleh membuka mana-mana pintu jika kita memiliki "kunci utama", jika kita mempunyai iman yang sempurna, kita boleh menurunkan kuasa Tuhan untuk berhadapan dengan situasi yang sangat mustahil. Maka, semua masalah boleh diselesaikan dengan pantas. Selain itu, walaupun kemalangan, bencana alam atau penyakit berjangkit masih wujud, kita boleh dilindungi oleh Tuhan hanya jika kita mendekati Tuhan dengan hati yang ikhlas dan iman yang sempurna. Tambahan lagi, jika orang dengan autoriti atau orang yang jahat cuba untuk menjatuhkan anda dengan penipuan, jika anda mempunyai hati yang ikhlas dan iman yang sempurna, anda akan dapat memuliakan Tuhan seperti Daniel yang dilindungi dalam kandang singa.

Bab pertama 2 Tawarikh 16:9 menyatakan, "Kerana mata TUHAN menjelajah seluruh bumi untuk melimpahkan kekuatan-Nya kepada mereka yang bersungguh hati terhadap Dia. Dalam hal ini engkau telah berlaku bodoh, oleh sebab itu mulai sekarang ini engkau akan mengalami peperangan." Anak Tuhan pun akan menghadapi banyak jenis masalah kecil dan besar dalam kehidupan mereka. Pada waktu tersebut, Tuhan berharap mereka bergantung kepada-Nya, berdoa dengan iman yang sempurna.

Orang yang mendekati Tuhan dengan hati sejati akan bertaubat akan dosa mereka sepenuhnya apabila dosa mereka didedahkan. Sebaik dosa mereka diampuni, mereka memperoleh keyakinan dan mereka boleh mendekati Tuhan dengan kepastian iman yang menyeluruh (Ibrani 10:22). Saya berdoa dengan nama Tuhan agar anda akan memahami prinsip ini dan mendekati Tuhan dengan hati yang ikhlas dan iman yang sempurna, agar anda akan menerima jawapan bagi apa-apa jua yang anda minta dalam doa.

Contoh Injil II

Syurga ketiga dan ruang dimensi ketiga

Syurga ketiga merupakan syurga di mana kerajaan syurga terletak. Ruang yang mempunyai ciri syurga ketiga dipanggil 'ruang dimensi ketiga'.

Apabila cuaca menjadi panas dan lembap pada musim panas, kita mengatakan ia seperti kawasan tropikal.

Hal ini tidak bermakna udara panas dan lembap di kawasan tropikal sebenarnya berpindah ke tempat tersebut.

Sebenarnya cuaca di sana mempunyai ciri yang serupa dengan cuaca di tempat tropikal.

Dengan cara yang sama, walaupun perkara dalam syurga ketiga berlaku dalam syurga pertama, (ruang fizikal yang kita diami), ia tidak bermakna terdapat bahagian tertentu ruang syurga ketiga dikeluarkan ke syurga pertama.

Sudah tentulah apabila tuan rumah syurgawi, malaikat atau nabi yang mengembara ke syurga pertama, pagar yang menyambungkan syurga ketiga akan dibuka.

Sama seperti angkasawan yang perlu berada dalam pakaian angkasa untuk berjalan di bulan atau berjalan di ruang angkasa, apabila makhluk syurga ketiga turun ke syurga pertama, mereka perlu 'memakai' ruang dimensi ketiga.

Beberapa ketua keluarga dalam Injil juga mengalami ruang syurga ketiga. Lazimnya ia berlaku apabila malaikat atau malaikat TUHAN muncul dan membantu mereka.

Petrus dan Paulus dibebaskan daripada penjara

Kisah Para Rasul 12:7-10 menyatakan, "Tiba-tiba berdirilah seorang malaikat Tuhan dekat Petrus dan cahaya bersinar dalam ruang itu. Malaikat itu menepuk Petrus untuk membangunkannya, katanya: "Bangunlah segera." Maka gugurlah rantai itu dari tangan Petrus. Lalu kata malaikat itu kepadanya, "Ikatlah pinggangmu dan kenakanlah sepatumu." Iapun berbuat demikian. Lalu malaikat itu berkata kepadanya, "Kenakanlah jubahmu dan ikutlah aku." Lalu ia mengikuti malaikat itu ke luar dan ia tidak tahu, bahawa apa yang dilakukan malaikat itu sungguh-sungguh terjadi, sangkanya ia melihat suatu penglihatan. Setelah mereka melalui tempat kawal pertama dan tempat kawal kedua, sampailah mereka ke pintu gerbang besi yang menuju ke kota. Pintu itu terbuka dengan sendirinya bagi mereka. Sesudah tiba di luar, mereka berjalan sampai ke hujung jalan, dan tiba-tiba malaikat itu meninggalkan dia."

Kisah Para Rasul 16:25-26 menyatakan, "Tetapi kira-kira tengah malam Paulus dan Silas berdoa dan menyanyikan puji-pujian kepada Tuhan dan orang-orang hukuman lain mendengarkan mereka. Akan tetapi terjadilah gempa bumi yang hebat, sehingga sendi-sendi penjara itu goyah; dan seketika itu juga terbukalah semua pintu dan terlepaslah belenggu mereka semua."

Ini merupakan peristiwa apabila Petrus dan hawari Paulus dimasukkan penjara tanpa sebarang kesalahan, hanya kerana mereka menyampaikan perkhabaran Injil. Mereka dihukum semasa menyampaikan perkhabaran Injil, tetapi mereka langsung tidak mengadu. Namun mereka memuji Tuhan dan bergembira bagi hakikat bahawa mereka boleh menderita demi nama Tuhan. Disebabkan hati mereka betul mengikut keadilan syurga ketiga,

Tuhan mengirimkan malaikat kepada mereka untuk dibebaskan. Kaki yang diikat atau pagar besi tidak menjadi masalah bagi malaikat.

Daniel berjaya hidup dalam kandang singa

Apabila Daniel menjadi perdana menteri Empayar Parsi, terdapat orang yang iri hati akannya dan merancang untuk memusnahkannya. Lalu dia dihumban ke dalam sarang singa. Namun Daniel 6:22 menyatakan, "Tuhanku telah mengutus malaikat-Nya untuk menutup mulut singa-singa itu, sehingga mereka tidak mengapa-apakan aku, kerana ternyata aku tak bersalah di hadapan-Nya; tetapi juga terhadap tuanku, ya raja, aku tidak melakukan kejahatan." Di sini, 'Tuhan telah mengutus malaikat-Nya untuk menutup mulut singa itu' bermakna ruang syurga ketiga meliputi mereka.

Dalam kerajaan syurga di syurga ketiga, walaupun haiwan yang garang di bumi seperti singa, tidak ganas tetapi sangat jinak. Maka, singa sebenar bumi ini juga menjadi sangat jinak apabila ruang syurga ketiga meliputi mereka. Namun, jika ruang tersebut diangkat, mereka akn bertukar perangai menjadi ganas semula. Daniel 6:24 menyatakan, "Kemudian raja memerintahkan agar orang-orang yang menuduh Daniel dengan keji dan membuang mereka, anak-anak dan para isteri mereka ke dalam kandang singa dan belum lagi mereka menghampiri hujung kandang tersebut sebelum para singa itu menerkam dan menghancurkan kesemua tulang-temulang mereka."

Daniel dilindungi Tuhan kerana dia tidak berdosa langsung. Orang jahat cuba mencari alasan untuk menuduhnya, tetapi mereka tidak dapat mencari apa-apa pun. Selain itu, dia berdoa walaupun nyawanya terancam. Semua tindakannya betul mengikut keadilan dimensi ketiga, dan untuk sebab ini ruang dimensi ketiga meliputi sarang singa dan Daniel tidak diapa-apakan langsung.

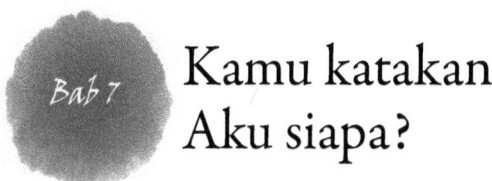 Kamu katakan Aku siapa?

> " Kau adalah Kristus, anak Tuhan yang hidup."
> Jika anda membuat pengakuan iman
> dari lubuk hati anda,
> ia akan diikuti dengan perbuatan anda.
> Tuhan memberkati mereka yang membuat pengakuan seperti ini.

Kepentingan pengakuan di bibir

Petrus berjalan di atas air

Petrus menerima kunci syurga

Sebab Petrus menerima rahmat yang mengagumkan

Amalkan Firman jika anda mempercayai Yesus sebagai Juruselamat anda

Untuk menerima jawapan dari Yesus

Menerima jawapan melalui pengakuan di bibir

Ia berkata kepada mereka, "Tetapi kamu katakan Aku siapa?" Simon menjawab, "Kau adalah Kristus, anak Tuhan yang hidup." Kata Yesus kepadanya, "Berbahagialah engkau, Simon Barjona, kerana daging dan darah tidak menyatakan itu kepadamu, melainkan Bapa-Ku di syurga. "Aku juga katakan kepada kau bahawa kau adalah Petrus dan di atas batu ini Aku akan bina gereja; dan pintu-pintu Hades tidak akan menguasainya. "Aku akan memberikan kunci kerajaan syurga; dan apa yang kamu ikat di dunia ini akan terikat di syurga dan apa yang kamu lepaskan di dunia ini akan telah terlepas di syurga."

———————

(Matius 16:15-19)

Sesetengah pasangan suami isteri jarang mengatakan "Saya cintakan awak," untuk seumur hidup perkahwinan mereka. Jika kita bertanya kepada mereka, mereka boleh kata hati yang penting, dan tidak perlu menyebutnya sepanjang masa. Sudah tentu, hati lebih penting daripada sekadar mengaku dengan bibir.

Tidak kira berapa kali kita mengatakan "Saya cintakan awak," jika kita tidak suka dari hati kita, kata-kata itu menjadi sia-sia. Namun tidakkah ia lebih baik jika kita mengaku apa yang tersirat di dalam hati kita? Secara rohani, ianya sama.

Kepentingan pengakuan di bibir

Roma 10:10 berkata, "...kerana dengan hati orang yang percaya, menyebabkan kebenaran, dan dengan mulut dia mengaku, menghasilkan keselamatan."

Sudah tentu, ayat ini menekankan kita untuk percaya dengan hati. Kita tidak dapat diselamatkan hanya dengan mengakui dengan bibir, "Aku percaya," tetapi dengan percaya dari hati. Walau bagaimanapun, ia masih mengatakan kita perlu mengaku dengan bibir mengenai perkara yang kita percaya di dalam hati. Kenapa?

Ini bertujuan untuk memberitahu kepentingan tindakan yang mengikuti pengakuan di bibir. Orang-orang yang mengaku dirinya telah beriman, tetapi berbuat demikian hanya dengan bibir tanpa iman dalam hati tidak dapat menunjukkan bukti iman mereka iaitu tindakan atau perbuatan mereka menurut iman.

Namun bagi orang yang benar-benar percaya dalam hati dan mengaku dengan bibir mereka menunjukkan bukti-bukti iman mereka dengan perbuatan. Yakni, mereka melakukan apa yang Tuhan suruh, tidak melakukan larangan-Nya, menjaga apa yang disuruh-Nya, dan membuang perkara yang ditegah-Nya.

Itulah sebabnya Yakobus 2:22 berkata, "Kau melihat iman yang bekerja dengan perubatannya, dan hasil daripada usaha itu menyebabkan iman menjadi sempurna" Matius 7:21 berkata, "Bukan setiap orang yang berseru kepada-Ku: Tuhan, Tuhan,' akan masuk ke dalam Kerajaan Syurga, tetapi dia yang melakukan kehendak Bapa-Ku akan masuk ke syurga." Yakni, ia menunjukkan bahawa kita boleh diselamatkan apabila kita mengikuti kehendak Tuhan.

Jika anda membuat pengakuan iman yang datang dari hati, ia akan disertai dengan perbuatan. Kemudian, Tuhan menganggap iman yang benar ini dan akan menjawab dan membimbing anda ke jalan rahmat. Dalam Matius 16:15-19, kita melihat Petrus menerima keberkatan yang menakjubkan melalui pengakuan iman yang keluar dari kedalaman hatinya.

Yesus bertanya kepada muridnya, "Kamu katakan Aku siapa?" Petrus menjawab, "Kau adalah Kristus, anak Tuhan yang hidup." Bagaimana dia boleh membuat pengakuan mengagumkan dari iman?

Dalam Matius 14, kita membaca tentang situasi di mana Petrus membuat pengakuan iman yang luar biasa. Ianya sewaktu Petrus berjalan di atas air. Bagi seorang manusia untuk berjalan di atas air tidak masuk akal mengikut pengetahuan manusia. Yesus berjalan di atas air juga sangat menakjubkan, dan ia menarik perhatian kita bahawa Petrus juga berjalan di atas air.

Petrus berjalan di atas air

Pada masa itu, Yesus telah berdoa bersendirian di pergunungan, dan pada tengah-tengah malam, Dia mendekati murid-murid-Nya yang berada di atas perahu, dipukul ombak. Mereka menyangka Dia adalah hantu. Bayangkan makhluk pada waktu malam yang gelap menghampiri anda di tengah-tengah laut! Murid-murid menangis kerana takut. Yesus berkata, "Tetapkanlah hatimu, ini Aku; jangan takut." Petrus menjawab, "Tuhan, jika itu Engkau, suruhlah aku datang kepada-Mu berjalan di atas air." Yesus berkata: "Marilah!" Dan kemudian Petrus turun dari perahu dan berjalan di atas air dan menuju ke arah Yesus.

Petrus boleh berjalan di atas air tetapi ia bukan kerana imannya sempurna. Kita boleh memahami perkara ini daripada fakta bahawa dia takut dan mula tenggelam apabila dia melihat angin. Yesus memegang dia dan berkata: "Hai orang yang kurang percaya, mengapa engkau bimbang?" Jika iman Petrus tidak sempurna, maka bagaimana Petrus dapat berjalan di atas air?

Walaupun ia tidak boleh dilakukan dengan iman sendiri, dia percaya kepada Yesus, Anak Tuhan, di dalam hatinya dan mengakui-Nya supaya dia boleh berjalan di atas air pada ketika itu. Pada ketika ini, kita boleh menyedari sesuatu yang sangat penting: ianya sangat penting untuk mengaku dengan bibir apabila kita beriman kepada Tuhan dan mengakui-Nya.

Sebelum Petrus berjalan di atas air, dia mengaku, "Tuhan, apabila Engkau, suruhlah aku datang kepada-Mu berjalan di atas air." Sudah tentu, kita tidak boleh mengatakan pengakuan ini lengkap. Jika dia telah percaya 100% kepada Tuhan di dalam hatinya, dia akan mengaku, "Tuhan, kau boleh melakukan apa sahaja. Suruhlah aku datang kepadamu di atas air."

Oleh kerana Petrus tidak mempunyai iman yang cukup untuk membuat pengakuan yang sempurna dari kedalaman hatinya, dia berkata, "Tuhan, jika itu adalah Kau." Dia meminta pengesahan. Namun, Petrus telah dibezakan daripada murid-murid lain di atas perahu dengan mengatakan ini.

Dia membuat pengakuan imannya sebaik sahaja dia mengenal Yesus sementara murid-murid lain sedang menangis kerana takut. Ketika Petrus beriman dan mengakui Yesus dan mengaku Dia sebagai Tuhan dari kedalaman hatinya, dia boleh mengalami satu perkara yang ajaib yang tidak dapat dilakukan oleh iman dan kuasa, iaitu berjalan di atas air.

Petrus menerima kunci syurga

Melalui pengalaman di atas, akhirnya Petrus membuat pengakuan iman yang sempurna. Dalam Matius 16:16. Petrus menjawab, "Kau adalah Kristus, anak Tuhan yang hidup." Ini adalah jenis pengakuan yang berbeza dengan yang dia lakukan semasa berjalan di atas air. Semasa pelayanan Yesus, bukan semua orang beriman dan mengiktiraf Dia sebagai Mesias. Ada yang iri hati dan cuba untuk membunuh-Nya.

Terdapat juga orang-orang yang menghukum dan mengutuk-Nya dengan membuat khabar angin palsu seperti 'Dia orang gila' Dia dirasuk Beelzebub', atau 'Putera syaitan'.

Namun, di dalam Matius 16:13, Yesus kepada murid-murid-Nya, "Siapakah gerangan Anak manusia yang disebut-sebut oleh orang ramai?" Mereka menjawab, "Ada yang berkata Yohanes si Pembaptis; dan Elia; tetapi ada juga yang mengatakan Yeremia atau salah seorang dari para nabi." Terdapat juga khabar angin yang buruk tentang Yesus, tetapi murid-murid tidak menyebut tentangnya dan hanya bercakap perkara baik supaya mereka dapat menggalakkan Yesus.

Sekarang Yesus bertanya kepada muridnya sekali lagi, "Kamu katakan Aku siapa?" Petrus adalah orang yang pertama menjawab soalan ini. Dia berkata dalam Matius 16:16, "Kau adalah Kristus, anak Tuhan yang hidup." Kita baca dalam ayat-ayat berikut bahawa Yesus berikan kepada Petrus satu perkataan yang diberkati.

"Berbahagialah engkau, Simon Barjona, kerana daging dan darah tidak menyatakan itu kepadamu, melainkan Bapa-Ku di syurga." (Matius 16:17).

"Aku juga katakan kepada kau bahawa kau adalah Petrus dan di atas batu ini Aku akan bina gereja; dan pintu-pintu Hades tidak akan menguasainya. Aku akan memberikan kunci kerajaan syurga; dan apa yang kamu ikat di dunia ini akan terikat di syurga dan apa yang kamu lepaskan di dunia ini akan telah terlepas di syurga" (Matius 16:18-19).

Petrus menerima berkat yang menjadi asas kepada gereja dan kuasa untuk menunjukkan perkara ruang rohani dalam ruang fizikal ini. Itulah yang menyebabkan banyak perkara yang menakjubkan berlaku melalui Petrus di kemudian hari; lelaki tempang dapat berjalan, orang mati dihidupkan semula, dan beribu-ribu orang bertaubat pada satu masa.

Apabila Petrus mengutuk Ananias dan Safira yang menipu Roh Kudus, mereka serta-merta jatuh dan meninggal dunia (Kisah Para Rasul 5:1-11). Semua perkara-perkara ini boleh terjadi kerana rasul Petrus mempunyai kuasa supaya apa yang dia ikat di bumi akan terikat di syurga dan apa yang dia lepaskan di bumi akan terlepas di syurga.

Sebab Petrus menerima rahmat yang mengagumkan

Mengapakah Petrus menerima berkat yang mengagumkan? Semasa tinggal berdekatan Yesus sebagai pengikut-Nya, dia melihat keajaiban tidak terkira banyaknya yang dinyatakan melalui Yesus. Perkara-perkara yang tidak dapat dilakukan dengan keupayaan manusia telah berlaku melalui Yesus. Perkara yang tidak boleh diajar oleh hikmat manusia telah diisytiharkan melalui mulut Yesus. Jadi, apakah yang dilakukan oleh orang yang benar-benar beriman kepada Tuhan dan memiliki kebaikan dalam hati mereka? Tidakkah mereka mengakui-Nya dengan berfikir, 'Dia bukan manusia biasa tetapi Anak Tuhan yang datang dari syurga'?

Namun apabila orang ramai melihat Yesus, sangat ramai orang tidak mengakui-Nya. Terutama sekali ketua paderi, paderi. orang Farisi, ahli taurat dan ketua lain yang tidak mahu mengiktiraf-Nya.

Bahkan ada yang iri hati dan cuba untuk membunuh-Nya. Ada juga yang menghukum dan mengutuk-Nya dalam hati mereka. Yesus berasa sangat sedih tentang orang-orang dan berkata dalam Yohanes 10:25-26, "Aku telah memberitahu kamu, dan kamu tidak percaya; kerja-kerja yang Aku lakukan dalam nama Bapa-Ku, ini memberi kesaksian tentang Aku. Tetapi kau tidak percaya kerana kau bukan domba-Ku."

Walaupun pada zaman Yesus, begitu ramai orang menghukum dan mengutuk Yesus serta cuba untuk membunuh-Nya. Walau bagaimanapun, murid-murid-Nya yang sentiasa memerhatikan Nya adalah berbeza. Sudah tentu, tidak semua murid-murid percaya dan mengaku Yesus sebagai Anak Tuhan dan Kristus di dalam lubuk hati mereka. Namun, mereka percaya dan mengakui Yesus.

Petrus berkata kepada Yesus, "Engkau adalah Mesias, Anak Tuhan yang hidup," dan ia bukan sesuatu yang dia dengar dari seseorang atau direalisasikan dalam fikirannya. Dia dapat memahaminya kerana dia melihat kerja Tuhan yang mengikuti

Yesus dan Tuhan mengizinkan dia mendapat kesedaran.

Amalkan Firman jika anda mempercayai Yesus sebagai Juruselamat anda

Ada yang mengatakan dengan mulut mereka, "Aku percaya," hanya kerana orang lain memberitahu mereka bahawa kita diselamatkan jika kita percaya kepada Yesus dan kita boleh sembuh serta menerima keberkatan jika kita menghadiri gereja. Sudah tentu, apabila anda datang ke gereja untuk kali pertama, besar kemungkinan anda tidak datang ke gereja kerana anda mempunyai pengetahuan yang mencukupi dan benar-benar percaya. Setelah mendengar bahawa mereka boleh diberkati dan diselamatkan jika mereka menghadiri gereja, ramai orang berfikir, 'Mengapa saya tidak mencubanya?'

Namun tidak kira apa sebab anda datang ke gereja, selepas melihat kerja-kerja Tuhan yang menakjubkan, anda tidak akan memiliki pemikiran yang sama seperti sebelumnya. Saya katakan bahawa anda tidak patut membuat pengakuan hanya dengan bibir anda bahawa anda percaya ketika anda tidak memiliki iman, tetapi anda perlu menerima Yesus Kristus sebagai Penyelamat peribadi anda dan menyampaikan Yesus Kristus kepada orang lain melalui tindakan anda.

Dalam kes saya, saya menjalani kehidupan yang berbeza sejak bertemu dengan Tuhan yang hidup dan menerima Yesus sebagai Penyelamat peribadi. Saya boleh percaya 100% kepada Tuhan dan Yesus sebagai Penyelamat peribadi saya dalam hati saya.

Saya sentiasa mengakui Tuhan dalam hidup saya serta taat kepada Firman Tuhan. Saya tidak mendesak fikiran, teori, atau pendapat tetapi hanya bergantung kepada Tuhan semata-mata dalam segalanya. Seperti yang dikatakan dalam Amsal 3:6, "Dalam segala lakumu mengakui-Nya, dan Dia akan meluruskan jalanmu," kerana saya mengakui Tuhan dalam segala-galanya, Tuhan membimbing saya dalam semua cara saya.

Kemudian saya mula menerima keberkatan yang menakjubkan seperti yang diterima oleh Petrus. Sebagaimana Yesus berkata kepada Petrus, "...apa yang kamu ikat di dunia ini akan terikat di syurga dan apa yang kamu lepaskan di dunia ini akan telah terlepas di syurga." Tuhan menjawab apa yang saya percaya dan inginkan.

Saya mengakui Tuhan dan membuang segala kejahatan mengikut Firman Tuhan. Apabila saya sampai ke tahap penyucian, Tuhan memberikan kuasa-Nya. Apabila saya meletakkan tangan kepada orang yang sakit, penyakit akan sembuh. Apabila saya berdoa untuk orang yang mempunyai masalah keluarga atau perniagaan, masalah mereka diselesaikan. Selepas saya mengakui Tuhan dalam segala-galanya, mengaku iman saya, dan mencari keredhaan-Nya dengan mengamalkan Firman-Nya, Dia menjawab semua kehendak hati dan memberkati saya.

Untuk menerima jawapan dari Yesus

Dalam Alkitab kita melihat bahawa ramai orang datang bertemu dengan Yesus, penyakit dan kecacatan mereka telah dirawat atau masalah mereka telah diselesaikan. Terdapat beberapa bangsa-bangsa lain di antara mereka, tetapi majoriti adalah orang Yahudi yang percaya kepada Tuhan untuk beberapa generasi.

Walaupun mereka percaya kepada Tuhan, mereka tidak dapat menyelesaikan masalah mereka sendiri atau menerima jawapan dengan kepercayaan mereka sendiri. Penyakit dan kecacatan mereka disembuhkan dan masalah mereka telah diselesaikan apabila mereka bertemu dengan Yesus. Ini kerana mereka percaya dan mengenali Yesus serta menunjukkan bukti dengan tindakan mereka. Punca begitu ramai orang cuba untuk datang di hadapan Yesus dan menyentuh pakaian-Nya adalah kerana mereka beriman bahawa Yesus bukan orang biasa dan walaupun iman mereka tidak lengkap, masalah mereka akan diselesaikan apabila mereka bertemu dengan-Nya,. Mereka tidak dapat menerima jawapan kepada masalah dengan kepercayaan mereka sendiri, tetapi mereka masih boleh menerima jawapan apabila mereka percaya, mengakui dan bertemu dengan Yesus.

Bagaimana pula dengan anda? Jika anda benar-benar percaya kepada Yesus Kristus dan berkata, "Engkau adalah Mesias, Anak Tuhan yang hidup," maka Tuhan akan menjawab anda selepas melihat hati anda. Sudah tentu, pengakuan iman bagi orang yang telah menghadiri gereja sekian lama berbeza berbanding penganut-penganut baru. Ini kerana Tuhan memerlukan pelbagai jenis pengakuan bibir daripada orang lain mengikut kepercayaan masing-masing. Sebagaimana pengetahuan kanak-kanak yang berusia empat tahun dan remaja adalah berbeza, pengakuan bibir juga mestilah berbeza.

Walau bagaimanapun, anda tidak dapat menyedari perkara ini sendiri atau dengan mendengar daripada orang lain. Roh Kudus dalam anda perlu memberikan anda pemahaman dan anda perlu mengakui dengan ilham Roh Kudus.

Menerima jawapan melalui pengakuan di bibir

Dalam Alkitab, terdapat ramai orang yang menerima jawapan dengan mengakui iman mereka. Dalam Lukas bab

18, apabila seorang lelaki buta percaya dan mengakui Tuhan, kemudian bertemu dengan-Nya dan mengaku, "Tuhan, aku ingin mendapatkan semula penglihatan aku" (a. 41). Yesus menjawab, "Terimalah penglihatan kamu; iman kamumu telah menyelamatkan diri kamu (ay. 42), dan dia dapat melihat serta merta.

Ketika mereka beriman, bertemu dengan Yesus dan mengaku dengan iman, Yesus memperdengarkan suara asal dan jawapan telah diberikan. Yesus mempunyai kuasa yang sama seperti Tuhan yang maha kuasa dan maha mengetahui. Jika Yesus menetapkan ke atas sesuatu dalam fikiran-Nya, apa-apa jenis penyakit atau kelemahan akan sembuh dan pelbagai masalah dapat diselesaikan.

Namun itu tidak bermakna Dia akan menyelesaikan masalah dan menjawab doa sesiapa sahaja. Ianya tidak betul mengikut keadilan untuk berdoa dan memberkati orang yang tidak beriman, mengakui atau mengambil tahu tentang-Nya.

Begitu juga, walaupun Petrus beriman dan mengenali Tuhan dalam hatinya, jika dia tidak mengaku dengan bibirnya, adakah Yesus masih akan memberi kata-kata ajaib berkat kepada Petrus? Yesus boleh memberikan janji berkat kepada Petrus tanpa melanggar keadilan kerana Petrus beriman dan mengakui Yesus dalam hatinya dan menyebut di bibirnya.

Jika anda ingin mengambil bahagian dalam pelayanan Roh Kudus seperti yang dilakukan oleh Petrus untuk Yesus, anda perlu membuat pengakuan bibir yang keluar dari lubuk hati. Melalui sebutan bibir yang berpunca daripada ilham Roh Kudus, saya berharap anda akan menerima keinginan hati anda dengan cepat.

Youngmi Yoo (Masan, Korea Selatan)

Pada suatu hari penyakit aneh yang tidak diundang datang kepada saya

Pada pertengahan bulan Januari 2005, mata kiri saya mula kabur dan penglihatan kedua-dua belah mata saya menjadi lemah. Objek kelihatan kabur atau hampir tidak kelihatan. Banyak objek kelihatan kuning dan garis lurus kelihatan melengkung dan bengkok. Lebih teruk lagi, saya muntah dan berasa pening.

Doktor berkata kepada saya, "Ini adalah Penyakit Harada. Objek kelihatan berketul-ketul kerana terdapat ketulan kecil pada mata anda." Dia berkata, punca penyakit itu belum diketahui dan penglihatan ini sukar untuk dipulihkan dengan rawatan perubatan. Jika ketumbuhan bertambah, ia akan meliputi saraf mata dan ia akan menyebabkan saya menjadi buta. Saya mula melihat diri saya dalam doa. Kemudian, saya bersyukur kerana saya akan kekal sombong jika saya tidak pernah menghadapi masalah ini.

Selepas itu, melalui doa Rev. Dr. Jaerock Lee sedang berjalan dan

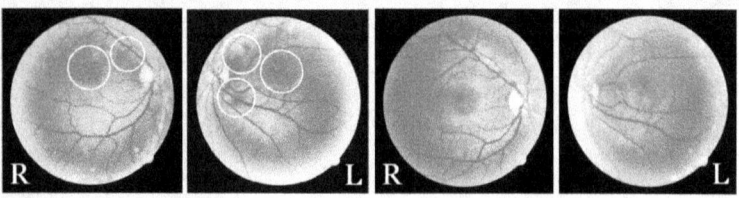

Sebelum doa Ketumbuhan hilang selepas doa

dengan sapu tangan doa yang telah didoakan oleh beliau. rasa pening dan muntah telah hilang. "Saraf mata yang mati, telah pulih! Cahaya, datang!"
Kemudian saya mendapati diri saya melihat perkhidmatan sepanjang malam Jumaat di TV dengan penglihatan yang sempurna. Sarikata kelihatan jelas dari mata saya. Saya boleh memberi tumpuan kepada benda yang ingin dilihat dan objek tidak kelihatan kabur. Warna setiap objek menjadi jelas. Tiada benda yang kelihatan kekuningan. Hallelujah!
Pada 14 Februari, saya membuat pemeriksaan semula untuk memastikan penyembuhan saya dan memuliakan Tuhan. Doktor berkata, "Menakjubkan! Mata anda tiada masalah." Doktor tahu tentang keadaan serius mata saya, dan dia terkejut bahawa ianya menjadi normal. Selepas pemeriksaan yang teliti, dia mengesahkan

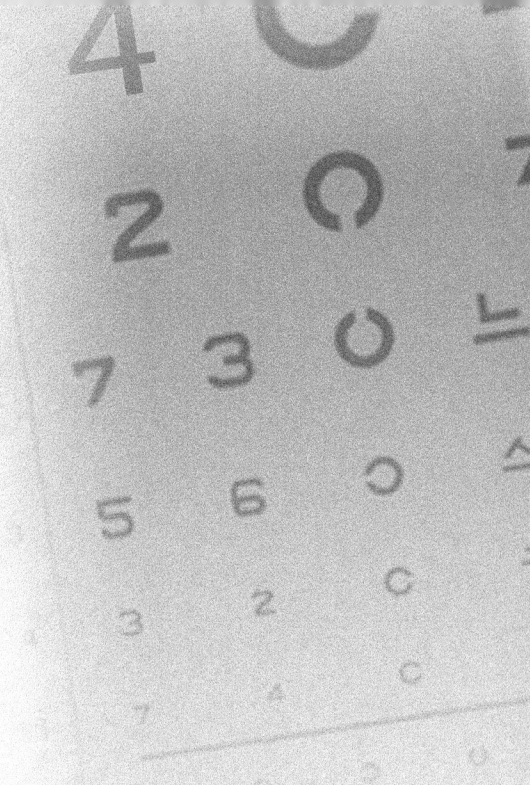

bahawa ketumbuhan dan bengkak telah hilang. Dia bertanya sama ada saya telah menjalani rawatan di hospital lain. Saya memberikan jawapan yang jelas: "Tidak. Saya baru sahaja menerima doa dari Rev. Dr. Lee dan sembuh oleh kuasa Tuhan."
Dahulu penglihatan saya ialah 0.8/0.25 sebelum saya menerima doa, tetapi ia telah bertambah baik kepada 1.0/1.0 selepas menerima doa tersebut. Sekarang penglihatan saya ialah 1.2 untuk kedua-dua belah mata.

-Ekstrak daripada Perkara Luar Biasa -

Bab 8: Apa Yang Kamu Mahu Aku Lakukan Untukmu?

> Apabila Yesus berkata,
> "Apa Yang Kamu Mahu Aku Lakukan Untukmu?"
> Dia memperdengarkan suara asal.

Untuk menerima jawapan melalui suara asal

Percaya akan Yesus dari lubuk hati

Berseru apabila bertanya kepada Tuhan

Keimanan yang sempurna tidak goyah

Buang jubahmu

Tuhan mendengar pengakuan iman

"Apa Yang Kamu Mahu Aku Lakukan Untukmu?" Dan dia berkata,
"Tuhan, aku ingin mendapatkan semula penglihatan aku!"

(Lukas 18:41)

Malah mereka yang datang ke gereja untuk kali pertama masih boleh menerima jawapan kepada apa-apa jenis masalah jika mereka beriman kepada Tuhan dalam hati. Ini kerana Tuhan adalah Bapa yang baik yang ingin memberikan perkara yang baik kepada anak-Nya, seperti yang tertulis dalam Matius 7:11, "Jadi jika kamu yang jahat tahu memberi pemberian yang baik kepada anak-anakmu, apatah lagi Bapamu yang di syurga! Ia akan memberikan yang baik kepada mereka yang meminta kepada-Nya!"

Tuhan telah membuat syarat-syarat untuk menerima jawapan dalam keadilan-Nya dengan tujuan untuk membiarkan anak-anak yang dikasihi-Nya menerima keberkatan. Tuhan tidak menetapkan syarat-syarat untuk mengatakan, "Aku tidak boleh memberikan kepada kau kerana kau telah gagal untuk memenuhi standard."

Dia mengajar kita cara untuk menerima jawapan kepada keinginan hati, masalah kewangan, masalah keluarga, atau masalah penyakit. Iman dan ketaatan adalah yang paling penting untuk menerima jawapan dalam keadilan Tuhan.

Untuk menerima jawapan melalui suara asal

Dalam Lukas bab 18, kita membaca mengenai kisah tentang seorang lelaki buta yang menerima jawapan apabila Jesus memperdengarkan suara asal. Dia mendengar Yesus berjalan semasa dia mengemis di jalan-jalan, dan dia berseru dengan suara yang kuat. "Yesus, Anak Daud, kasihanilah aku!" Orang yang menunjukkan jalan itu menyuruhnya diam, tetapi dia terus berteriak "Anak Daud, kasihanilah aku!"

Dan Yesus berhenti dan memerintahkan untuk bawa orang itu berjumpa dengan-Nya; dan Dia bertanya kepada orang tersebut,

"Apa yang kamu mahu Aku lakukan untukmu??" Dan dia berkata, "Tuhan, aku ingin mendapatkan semula penglihatan aku!" Dan Yesus berkata kepadanya, "Terimalah penglihatan kamu, imanmu telah menyelamatkan diri kamu." Sebaik sahaja Yesus berkata, satu mukjizat yang luar biasa telah berlaku. Dia mendapat penglihatannya serta merta. Ketika seluruh rakyat melihat kejadian itu, mereka memberikan pujian kepada Tuhan.

Apabila Yesus berkata, "Apa yang kamu mahu Aku lakukan untukmu?" Dia memperdengarkan suara asal. Apabila orang buta itu berkata, "Tuhan, Aku ingin mendapatkan semula penglihatanku!" dan Tuhan berkata, "...keimanan telah menyelamatkan diri kamu", sekali lagi ia adalah suara asal.

'Suara Asal' adalah suara asal Tuhan yang Dia memperdengarkan apabila Dia mencipta langit dan bumi serta semua benda dengan Firman-Nya. Orang buta ini dapat menerima penglihatannya apabila Yesus memperdengarkan suara asal kerana dia memenuhi syarat untuk menerima jawapan. Dari saat ini, mari kita kaji secara mendalam bagaimana orang buta ini dapat menerima jawapan.

Percaya kepada Yesus dari lubuk hati

Yesus pergi ke bandar dan pekan menyebarkan Injil Kerajaan Syurga dan mengesahkan Firman-Nya dengan mukjizat dan keajaiban. Orang kurang upaya dapat berjalan, orang kusta sembuh dan mereka yang mempunyai masalah penglihatan atau pekak dapat melihat dan mendengar. Orang yang bisu dapat berbicara, dan syaitan telah dihalau keluar. Sekumpulan orang berkumpul di sekitar Yesus ke mana sahaja Dia pergi kerana berita mengenai-Nya telah tersebar.

Pada suatu hari, Yesus pergi ke Yerikho. Seperti biasa, ramai orang berkumpul dan mengikut Yesus. Pada masa ini, seorang lelaki buta yang sedang duduk di jalan mengemis telah mendengar orang ramai berjalan dan bertanya kepada orang apa yang sedang berlaku. Seseorang berkata kepadanya, "Yesus orang Nazaret yang melintas." Kemudian, lelaki buta ini tanpa teragak-agak menjerit, "Yesus, Anak Daud, kasihanilah aku!"

Dia mampu memanggil sebegini kerana dia percaya Yesus dapat memberikan penglihatan kepadanya. Tambahan lagi, dia memang percaya kepada Yesus sebagai Juruselamat kerana dia berseru, "Yesus, Anak Daud."

Ia kerana semua orang di Israel tahu bahawa Mesias akan datang dalam keluarga Daud. Sebab pertama orang buta ini boleh menerima jawapannya adalah kerana dia percaya dan menerima Yesus sebagai Juruselamat. Dia juga percaya tanpa soalan bahawa Yesus ini boleh memberikan penglihatan kepadanya.

Walaupun dia buta dan tidak dapat melihat, dia mendengar banyak berita tentang Yesus. Dia mendengar bahawa orang yang dipanggil Yesus muncul, dan dia mempunyai kuasa yang besar, menyelesaikan apa-apa jenis masalah yang tidak dapat diselesaikan oleh orang lain.

Seperti yang dikatakan dalam Roma 10:17, "Jadi iman timbul dari pendengaran," orang buta percaya bahawa dia akan menerima penglihatan jika dia boleh pergi bertemu Yesus. Dia dapat mempercayai apa yang didengari kerana dia mempunyai hati yang baik.

Begitu juga, jika kita mempunyai hati yang baik, kita akan lebih mudah untuk mempunyai iman rohani apabila kita mendengar

Injil. Injil adalah 'berita baik', dan berita tentang Yesus juga adalah berita baik. Jadi mereka yang mempunyai hati yang baik akan menerima berita baik. Sebagai contoh, apabila seseorang berkata, "Saya telah sembuh daripada penyakit tidak boleh diubati melalui doa," mereka yang mempunyai hati yang baik akan bergembira dengannya. Walaupun mereka tidak percaya sepenuhnya, mereka akan berfikir, "Ia adalah perkara yang benar-benar baik jika ianya benar."

Lebih jahat seseorang itu, mereka akan lebih ragu-ragu dan cuba untuk tidak mempercayainya. Ada juga yang menghakimi atau mengutuk dengan berkata, "Mereka membuat kisah itu untuk menipu orang." Tetapi jika mereka berkata kerja-kerja Roh Kudus ditunjukkan oleh Tuhan adalah perkara palsu dan direka, ini memfitnah Roh Kudus.

Matius 12:31-32 berkata, "Oleh itu Aku berkata kepadamu, apa-apa dosa dan hujat akan diampuni, tetapi hujat terhadap Roh Kudus tidak akan diampuni. Apabila seorang mengucapkan sesuatu menentang Anak Manusia, dia akan diampuni, tetapi jika dia menentang Roh Kudus, dia tidak akan diampuni, di dunia ini tidak, dan di dunia yang akan datang pun tidak."

Jika anda mengutuk sebuah gereja yang menunjukkan kerja-kerja Roh Kudus, anda perlu untuk bertaubat. Selepas dinding dosa antara Tuhan dan anda dikeluarkan, anda akan dapat menerima jawapan.

1 Yohanes 1:9 berkata, "Jika kita mengaku dosa kita, maka Dia yang setia dan adil akan mengampuni segala dosa kita dan menyucikan kita dari segala kejahatan." Jika anda perlu bertaubat, saya berharap anda akan benar-benar bertaubat di hadapan Tuhan dengan air mata dan berjalan dalam Cahaya.

Berseru apabila bertanya kepada Tuhan

Apabila orang buta itu mendengar Yesus melaluinya, dia berseru dengan berkata. "Yesus, Anak Daud, kasihanilah aku!" Dia berseru-seru kepada Yesus dengan suara nyaring. Kenapa dia perlu berseru dengan suara yang kuat?

Kejadian 3:17 berfirman, "Lalu kepada Adam berfirman, 'Karena engkau mendengarkan perkataan isterimu dan memakan dari buah pohon, yang telah Ku perintahkan kepadamu: Jangan makan dari padanya, maka terkutuklah tanah karena engkau; dengan bersusah payah engkau akan mencari rezekimu dari tanah seumur hidupmu'"

Sebelum manusia pertama Adam memakan dari pohon pengetahuan tentang yang baik dan yang jahat, orang boleh makan apa yang disediakan oleh Tuhan sebanyak mana yang mereka mahu. Walau bagaimanapun, selepas Adam melanggar Firman Tuhan dan memakan buah dari pohon itu, dosa datang kepada manusia dan kita menjadi manusia daging. Sejak itu, kita hanya dapat makan melalui kesusahan.

Ini adalah keadilan yang ditetapkan oleh Tuhan. Oleh itu, kita boleh menerima jawapan dari Tuhan dengan titik peluh kita. Kita perlu bekerja keras dalam doa dengan sepenuh hati, fikiran, dan jiwa serta berseru untuk menerima jawapan.

Yeremia 33:3 berkata, "Panggil Aku dan Aku akan menjawab kau, dan Aku akan memberitahu kau yang perkara yang besar dan agung, yang tidak kau tahu." Lukas 22:44 berkata, "Yesus sangat menderita secara batin sehingga Dia makin sungguh-sungguh berdoa. Keringat-Nya seperti darah menitis ke tanah."

Dalam Yohanes 11, apabila Yesus dihidupkan semula Lazarus yang telah mati selama empat hari, Ia berseru dengan suara nyaring,

"Lazarus, keluar!" (Yohanes 11:43). Ketika Yesus menumpahkan semua air dan darah-Nya serta menyerahkan nyawa-Nya di atas salib, Dia berseru dengan suara nyaring: "Ya Bapa, ke dalam tangan-Mu Ku serahkan nyawa-Ku" (Lukas 23:46).

Walaupun Yesus datang ke dunia ini dalam tubuh manusia dan tidak berdosa, Yesus berseru dengan suara nyaring supaya ia selaras dengan keadilan Tuhan. Jadi bagaimana kita sebagai makhluk Tuhan duduk dan berdoa dengan cara yang mudah tanpa berteriak untuk menerima jawapan kepada masalah yang tidak boleh diselesaikan dengan keupayaan manusia? Sebab kedua orang buta itu boleh menerima jawapannya adalah kerana ia berteriak dengan suara yang kuat, iaitu cara yang selaras dengan keadilan Tuhan.

Yaakob menerima berkat Tuhan semasa dia berdoa sehingga sendi paha terkehel (Kejadian 32:24-30). Sehingga terdapat hujan untuk menamatkan kemarau tiga setengah tahun, Elia berdoa begitu bersungguh-sungguh kepalanya diletakkan di antara kedua lututnya, (1 Raja-raja 18:42-46). Kita boleh menerima jawapan yang cepat dengan menggerakkan hati Tuhan apabila kita berdoa dengan seluruh kekuatan, iman, dan kasih sayang.

Menjerit dalam doa tidak bermakna kita perlu menjerit dengan suara yang menjengkelkan. Anda boleh merujuk kepada cara doa yang betul dan cara untuk menerima jawapan dari Tuhan dalam buku ini, 'Teruskan Melihat dan Berdoa'.

Keimanan yang sempurna tidak goyah

Sesetengah orang berkata, "Tuhan juga mengetahui apa yang tersirat di dalam hati anda, jadi anda tidak perlu untuk berteriak dalam doa." Tetapi itu tidak benar. Orang buta itu tegas diberitahu untuk mendiamkan diri, tetapi dia menjerit dengan lebih kuat. Dia tidak patuh kepada orang-orang yang menyuruhnya untuk mendiamkan diri, tetapi dia berseru mengikut keadilan Tuhan dengan hati yang lebih bersemangat. Pada masa ini, imannya sempurna yang tidak akan goyah. Dan sebab ketiga dia menerima jawapan kerana dia menunjukkan imannya itu adalah tidak goyah dalam apa jua keadaan.

Ketika orang-orang menegurnya, jika orang buta tersinggung atau mendiamkan diri, dia tidak akan menerima penglihatannya. Walau bagaimanapun, dia dapat melihat apabila ia bertemu dengan Yesus kerana dia memiliki iman yang kukuh, dia tidak mahu terlepas ketika itu walaupun orang ramai menegurnya. Itu bukan masa untuk menunjukkan maruahnya. Dia tidak boleh tunduk kepada apa-apa jenis kesusahan. Dia terus berteriak bersungguh-sungguh dan akhirnya menerima jawapan.

Dalam Matius bab 15 mengisahkan seorang perempuan Kanaan yang datang dengan hati yang merendah diri di hadapan Yesus dan menerima jawapan. Apabila Yesus pergi kepada Tirus dan Sidon, seorang wanita datang di hadapan-Nya bertanya kepada-Nya untuk mengusir syaitan yang merasuk anak perempuannya. Apa yang Yesus katakan? Dia berkata, "Tidak baik mengambil makanan anak-anak dan melemparkannya kepada anjing." Kanak-kanak merujuk kepada orang Israel dan wanita Kanaan itu merujuk kepada seekor anjing.

Orang biasa akan tersinggung dengan kenyataan itu dan akan berlalu pergi. Namun dia tidak begitu. Dia dengan rendah diri memohon belas kasihan dengan berkata, "Ya Tuhan; tetapi anjing makan sisa yang jatuh dari meja tuannya." Yesus terharu dan berkata, "Hai wanita, besar imanmu; ia hendaklah dilakukan untuk anda seperti yang anda mahukan." Anaknya dengan serta-merta telah disembuhkan. Dia menerima jawapan kerana dia melemparkan semua kebanggaan dan merendahkan diri sepenuhnya.

Walau bagaimanapun, ramai orang datang kepada Tuhan untuk menyelesaikan satu masalah besar hanya kembali atau tidak bergantung kepada Tuhan kerana perasaan mereka tersinggung oleh beberapa perkara kecil. Jika mereka benar-benar mempunyai iman untuk menyelesaikan apa-apa masalah yang sukar, maka dengan hati yang merendah diri, mereka akan terus meminta Tuhan untuk kurnia-Nya.

Buang jubahmu

Ketika Yesus masuk ke dalam Yerikho, Dia memulihkan mata orang buta, dan dari Markus 10:46-52, kita membaca bahawa Yesus memulihkan mata orang buta. Ini orang buta adalah Bartimaeus.

Dia juga berseru dengan suara yang kuat apabila mendengar Yesus sedang berjalan di situ. Yesus memberitahukan kepada orang ramai untuk membawa dia, dan kita perlu memberi perhatian kepada apa yang dia lakukan. Markus 10:50 berkata, "Dengan membuang jubahnya, dia bangun dan datang kepada Yesus." Inilah sebab dia boleh menerima jawapan: dia melemparkan jubahnya dan datang kepada Yesus.

Jadi, apakah makna rohani yang tersembunyi dalam membuang jubah sehinggakan ia menjadi salah satu syarat untuk menerima jawapan? Jubah pengemis itu mesti telah kotor dan busuk. Tetapi ia adalah satu-satunya harta pengemis yang boleh melindungi tubuhnya. Tetapi Bartimaeus mempunyai hati yang baik bahawa dia tidak berani pergi Yesus dengan jubah kotor dan busuk.

Dia akan berjumpa dengan Yesus, seorang yang suci dan bersih. Orang buta itu tahu bahawa Yesus adalah seorang lelaki baik yang memberikan rahmat kepada orang ramai, menyembuhkan mereka, dan memberi harapan kepada orang miskin dan orang sakit. Jadi Bartimaeus mendengar hati nuraninya bahawa dia tidak boleh pergi bertemu Yesus dengan jubah kotor dan busuk. Dia mengikuti suara itu dan membuangnya.

Bartimaeus mendengar suara hati nurani yang baik dan mengikutinya kerana sewaktu itu Bartimaeus belum menerima Roh Kudus. Dia membuang harta yang paling berharga iaitu jubahnya. Satu lagi makna rohani jubah adalah hati kita yang kotor dan busuk. Ianya hati yang tidak beriman seperti sifat bangga, angkuh dan semua perkara yang kotor.

Ini menerangkan kita untuk membuang semua dosa yang kotor untuk bertemu dengan Tuhan yang suci. sama seperti jubah kotor milik seorang peminta sedekah. Jika anda benar-benar mahu menerima jawapan, anda mesti mendengar suara Roh Kudus ketika Roh Kudus mengingatkan anda daripada dosa-dosa anda yang lalu. Dan anda perlu bertaubat. Anda perlu taat tanpa ragu-ragu dengan suara Roh Kudus- sama seperti yang dilakukan oleh Bartimaeus.

Tuhan mendengar pengakuan iman

Akhirnya Yesus menjawab kepada orang buta yang meminta dengan jaminan keimanan. Yesus bertanya kepadanya, "Apa yang kamu mahu Aku lakukan untukmu?" Tidakkah Yesus tahu apa yang diinginkan oleh orang buta ini? Sudah tentu Dia tahu, tetapi Dia bertanya kerana perlu ada pengakuan keimanan. Kita perlu membuat pengakuan iman kita dengan bibir untuk menerima jawapan yang sebenar kerana keadilan Tuhan.

Yesus bertanya kepada orang buta itu "Apa yang kamu mahu Aku lakukan untukmu?" kerana dia perlu memenuhi syarat untuk menerima jawapan. Selepas dia menjawab, "Tuhan, aku mahukan penglihatanku semula!" ia diberikan kepadanya. Begitu juga, jika hanya kita memenuhi syarat-syarat menurut keadilan Tuhan, kita boleh menerima apa-apa yang kita minta.

Tahukah anda dengan cerita tentang lampu ajaib Aladdin? Kononnya, jika anda menggosok lampu sebanyak tiga kali, gergasi akan keluar dari lampu dan menjadikan tiga hasrat anda menjadi kenyataan. Walaupun ini hanyalah cerita yang dibuat oleh manusia, kita mempunyai kunci yang lebih menakjubkan dan berkuasa untuk jawapan. Dalam Yohanes 15:7 Yesus berkata: "Jika kamu tetap dalam Aku, dan perkataan-Ku tinggal dalam hatimu, mintalah apa sahaja yang kamu mahu, dan ia akan diberikan."

Adakah anda percaya dalam kuasa Tuhan Bapa yang maha berkuasa? Jadi, anda hanya boleh kekal di dalam Tuhan dan membiarkan Firman hidup di dalam hati. Saya berharap anda akan menjadi satu dengan Tuhan melalui iman dan ketaatan, sehingga anda akan dapat membantah segala keinginan anda dan menerima mereka sebagai suara asal yang dibunyikan.

Cik Akiyo Hirouchi (Maizuru, Jepun)

Kecacatan septum atrial cucu saya disembuhkan!

Pada awal tahun 2005, bayi kembar dilahirkan dalam keluarga kami. Selepas kira-kira 3 bulan, bayi kembar yang kedua mengalami kesukaran pernafasan. Dia disahkan dengan kecacatan septal atrial dengan 4.5 mm tusukan dalam jantungnya. Dia tidak boleh menahan kepalanya dan tidak dapat menyusu. Susu terpaksa diberikan melalui hidung dengan tiub.

Ia agak kritikal dan pakar kanak-kanak hospital Universiti Kyoto datang ke hospital Maizuru. Badan bayi itu terlalu lemah untuk dipindahkan ke hospital universiti yang agak jauh jaraknya. Jadi dia terpaksa menerima rawatan di hospital tempatan.

Paderi Keontae Kim dari gereja Manmin Osaka & Maizuru berdoa untuknya dengan sapu tangan yang pernah didoakan oleh Rev. Jaerock Lee. Selain itu, dia menghantar permintaan doa kepada gereja utama di Seoul bersama-sama dengan gambar bayi tersebut.

Saya tidak dapat menghadiri perkhidmatan kebaktian di Internet, jadi kami merekodkan perkhidmatan sepanjang malam Jumaat Gereja Pusat Manmin pada 10 Jun 2005, kemudian seluruh keluarga bersama-sama menerima doa Rev. Lee.

"Tuhan Bapa, sembuhkan ruang dan masa dia. Letakkan tangan Kau pada Miki Yuna, cucu Hirouchi Akiyo di Jepun. Kecacatan septal atrial, hilanglah! Terbakarlah oleh api Roh Kudus dan sembuhlah!"

Pada keesokan harinya iaitu 11 Jun, satu perkara yang ajaib telah berlaku. Bayi itu tidak dapat bernafas tanpa bantuan, tetapi dia menjadi semakin sembuh dan mereka dapat menanggalkan alat pernafasan.

"Bayi itu sembuh dengan cepat dan ianya satu keajaiban!" Doktor teruja.

Sejak itu, bayi membesar dengan baik. Beratnya dahulu ialah 2.4

kg tetapi dalam tempoh 2 bulan selepas dia menerima doa, berat badannya naik sehingga 5 kg! Suaranya apabila menangis juga lebih kuat. Selepas melihat mukjizat ini secara langsung, saya berdaftar di Gereja Pusat Manmin pada Ogos 2005. Saya menyedari bahawa Dia memberikan kerja penyembuhan kudus dan mengetahui bahawa saya akan percaya kepada-Nya melalui mukjizat.

Melalui kasih kurnia ini, saya setia bekerja untuk menubuhkan sebuah gereja Manmin di Maizuru. Tiga tahun selepas pembukaan, saya dan ahli-ahli gereja dan menawarkan kepada Tuhan untuk membeli sebuah bangunan tempat perlindungan indah.

Sekarang, saya melakukan banyak kerja-kerja sukarela bagi kerajaan Tuhan. Saya bersyukur, bukan hanya kerana adanya limpah kurnia penyembuhan cucu perempuan saya, tetapi juga kerana rahmat Tuhan yang membimbing saya ke jalan hidup yang sebenar.

- Ekstrak daripada Perkara Luar Biasa -

"Ia akan berlaku terhadapmu seperti yang kamu percaya"

> Suara asal yang keluar daripada mulut Yesus merentasi dunia sehingga ke hujung dunia, serta memaparkan kuasa-Nya merentasi masa dan ruang.

Semua makhluk patuh kepada suara asal

Manusia tidak dapat mendengar suara asal

Sebab mereka tidak mendapat jawapan

Perwira yang memiliki hati yang baik

Perwira mengalami mukjizat yang merentasi masa dan ruang

Kerja berkuasa yang merentasi masa dan ruang

"Lalu Yesus berkata kepada perwira itu, 'Pulanglah dan jadilah kepadamu seperti yang engkau percaya.' Maka pada saat itu juga sembuhlah hambanya."

(Matius 8:13)

Apabila mereka berada dalam kesakitan atau kesusahan yang mana seolah-olah tiada jalan keluar, ramai orang berasakan bahawa Tuhan berada jauh daripada mereka atau memalingkan wajah-Nya daripada mereka. Sesetengah daripada mereka malah berasa ragu, 'Adakah Tuhan sedar yang aku ada di sini?' atau 'Adakah Tuhan mendengar semasa aku berdoa?' Ini disebabkan mereka tidak mempunyai keimanan yang cukup terhadap Tuhan yang maha berkuasa dan maha mengetahui.

Daud telah melalui banyak kesusahan dalam hidupnya, namun dia mengakui, "Jika aku mendaki ke langit, Engkau di sana; jika aku menaruh tempat tidurku di dunia orang mati, di situ pun Engkau. Jika aku terbang dengan sayap fajar, dan membuat kediaman di hujung laut, juga di sana tangan-Mu akan menuntun aku, dan tangan kanan-Mu memegang aku" (Mazmur 139:8-10).

Jarak fizikal yang dirasakan oleh manusia tidak menjejaskan Tuhan langsung, kerana Dia memerintah sekalian alam dan semua ciptaan di dalamnya merentasi masa dan ruang.

Yesaya 57:19 menyatakan, "'Aku akan menciptakan puji-pujian: Damai, damai sejahtera bagi mereka yang jauh dan bagi mereka yang dekat,' firman TUHAN, 'Aku akan menyembuhkan dia'" (NKJV). Di sini, 'Aku akan menciptakan puji-pujian' bermakna perkataan yang diucapkan oleh Tuhan pastinya akan dipenuhi, seperti yang dinyatakan dalam Bilangan 23:19.

Yesaya 55:11 juga menyatakan, "Demikianlah firman-Ku yang keluar dari mulut-Ku; ia tidak akan kembali kepada-Ku dengan sia-sia, tetapi ia akan melaksanakan apa yang Kukehendaki, dan akan berhasil dalam apa yang Kusuruhkan kepadanya."

Semua makhluk patuh kepada suara asal

Tuhan Pencipta menciptakan syurga dan bumi dengan suara asal-Nya. Oleh itu, semua yang diciptakan dengan suara asal patuh terhadap suara asal walaupun ia bukan organisma hidup. Sebagai contoh, hari ini kita mempunyai peranti pengecaman suara yang bertindak balas kepada suara tertentu sahaja. Dengan cara yang sama, suara asal tertanam dalam semua perkara di alam semesta, jadi semua perkara patuh apabila suara asal berbunyi.

Yesus, yang pada azalinya ialah Tuhan, mengeluarkan suara asal juga. Markus 4:39 menyatakan, "Dia pun bangun, mengherdik angin itu dan berkata kepada lautan itu: "Diam! Tenanglah!' Lalu angin itu reda dan lautan itu menjadi tenang sekali." Malah laut dan angin yang tiada telinga atau nyawa pun patuh terhadap suara asal. Jadi, apakah yang patut kita sebagai manusia yang mempunyai telinga dan kerasionalan lakukan? Jelas sekali, kita mestilah patuh. Namun demikian, apakah sebabnya manusia tidak patuh?

Berdasarkan contoh peranti pengecaman suara, kita andaikan bahawa ada seratus mesin seperti ini. Pemilik menetapkan bahawa mesin beroperasi apabila ia mendengar suara berkata, "Ya." Tetapi, seseorang telah menukar tetapan dalam 40 buah mesin. Dia menetapkan 40 buah mesin ini untuk beroperasi apabila mendengar perkataan "Tidak." Jadi, 40 buah mesin ini tidak akan beroperasi walaupun pemiliknya berkata "Ya." Dengan cara yang sama, sejak Adam melakukan dosa, manusia sudah tidak dapat mendengar suara asal lagi.

Manusia tidak dapat mendengar suara asal

Adam sebenarnya diciptakan sebagai roh hidup, dan dia mendengar dan patuh hanya kepada Firman Tuhan, iaitu kebenaran. Tuhan Bapa mengajarkan Adam pengetahuan Rohani sahaja, yang merupakan firman yang benar, namun memandangkan Tuhan memberikan Adam kebebasan kehendak, dia boleh menentukan sama ada dia akan patuh kepada kebenaran atau tidak. Tuhan tidak mahu mempunyai anak seperti robot yang akan mematuhi-Nya setiap masa.

Dia mahukan anak-anak yang mematuhi Firman-Nya secara sukarela dan mengasihi-Nya dengan hati yang sejati. Namun demikian, selepas beberapa lama, Adam digoda oleh Syaitan dan dia ingkar terhadap Firman Tuhan.

Roma 6:16 berkata, "Apakah kamu tidak tahu, bahawa apabila

kamu menyerahkan dirimu kepada seseorang sebagai hamba untuk mentaatinya, kamu adalah hamba orang itu, yang harus kamu taati, baik dalam dosa yang memimpin kamu kepada kematian, mahupun dalam ketaatan yang memimpin kamu kepada kebenaran?" Seperti yang telah dinyatakan, keturunan Adam menjadi hamba kepada dosa, iblis dan Syaitan disebabkan keingkarannya.

Keturunan Adam kini telah ditakdirkan untuk berfikir, bercakap dan berkelakuan seperti yang didorong oleh Syaitan dan mereka akan menambah dosa demi dosa sehingga mereka akhirnya akan tewas dengan kematian. Namun demikian, Yesus datang ke dunia dengan takdir Tuhan. Dia mati sebagai penyemahan untuk menebus semua orang yang berdosa dan Dia dibangkitkan semula.

Atas sebab ini, Roma 8:2 menyatakan, "Roh, yang memberi hidup telah memerdekakan kamu dalam Kristus dari hukum dosa dan hukum maut." Seperti yang dinyatakan, orang yang percaya kepada Yesus Kristus dalam hati mereka dan berjalan dalam Cahaya tidak lagi menjadi hamba dosa.

Ini bermakna mereka telah dapat mendengar suara asal Tuhan melalui keimanan mereka dalam Yesus Kristus. Oleh itu, orang yang mendengar dan mematuhinya akan mendapat jawapan bagi semua perkara yang mereka inginkan.

Sebab mereka tidak mendapat jawapan

Tetapi, ada orang mungkin akan bertanya, "Saya percaya dengan Yesus Kristus dan telah diampunkan daripada dosa, namun mengapa saya masih tidak disembuhkan?" Saya ingin bertanyakan soalan ini kepada anda: Sejauh manakah anda telah mematuhi Firman Tuhan dalam Alkitab?

Walaupun anda mengakui bahawa anda percaya kepada Tuhan, bukankah anda juga cintakan dunia, menipu orang lain, atau telah melakukan perkara buruk sama seperti manusia sekular lain? Saya ingin anda ingat kembali, adakah anda menjaga kesucian setiap hari Ahad, memberikan derma yang betul dan mematuhi semua perintah yang Tuhan berikan untuk kita lakukan, tidak lakukan, amalkan atau singkirkan.

Jika anda dapat menjawab semua soalan di atas dengan yakin, anda akan menerima semua jawapan kepada apa sahaja yang anda minta. Walaupun jawapannya mungkin lambat, anda akan mengucapkan kesyukuran dari lubuk hati anda dan bergantung kepada Tuhan tanpa ragu-ragu. Jika anda menunjukkan keimanan dengan cara ini, Tuhan tidak akan ragu-ragu untuk memberikan anda jawapan. Dia akan mengeluarkan suara asal dan berkata, "Ia akan dilakukan kepadamu seperti yang kamu percaya," dan ia akan berlaku menurut tahap keimanan anda.

Perwira yang memiliki hati yang baik

Dalam Matius bab 8, ada diceritakan tentang seorang perwira Rom yang menerima jawapan melalui keimanan. Semasa dia datang kepada Yesus, penyakit hambanya disembuhkan melalui suara asal yang diucapkan oleh Yesus.

Pada masa itu, Israel berada di bawah pemerintahan Empayar Rom. Terdapat berpuluh-puluh, beratus-ratus dan beribu-ribu orang pegawai dalam tentera Rom. Jawatan dan pangkat mereka bergantung kepada jumlah askar yang mereka pimpin. Salah seorang pegawai yang memimpin seratus orang askar, seorang Perwira, berada di Kapernaum, Israel. Dia mendengar khabar tentang Yesus, iaitu Yesus mengajarkan tentang kasih sayang, kebaikan dan belas ihsan.

Yesus mengajarkan dalam Matius 5:38-39 "Kamu telah mendengar firman, 'Mata ganti mata dan gigi ganti gigi.' Tetapi Aku berkata kepadamu: Janganlah kamu melawan orang yang berbuat jahat; tetapi barang siapa yang menampar pipi kananmu, berilah juga kepadanya juga."

Dia juga berkata dalam Matius 5:43-44, "Kamu telah mendengar firman: Kasihilah sesamamu manusia dan bencilah musuhmu.' Tetapi Aku berkata kepadamu: Kasihilah musuhmu dan berdoalah bagi mereka yang menganiaya kamu. " Orang yang mempunyai kebaikan dalam hatinya akan tersentuh apabila mendengar kata-

kata berkenaan kebaikan seperti ini.

Namun, perwira itu mendengar bahawa Yesus bukan sahaja mengajar tentang kebaikan malah juga melakukan tanda dan mukjizat yang tidak dapat dilakukan dengan keupayaan manusia semata-mata. Khabarnya orang yang menghidap penyakit kusta, yang dianggap orang yang disumpah, telah disembuhkan, orang buta dapat melihat, orang bisu dapat bercakap dan orang pekak dapat mendengar. Selain itu, orang yang lumpuh dapat berjalan dan melompat serta orang yang tempang juga dapat berjalan. Perwira ini percaya dengan berita yang didengarinya.

Namun, setiap orang akan mempunyai tindak balas yang berbeza terhadap khabar yang datang mengenai Yesus. Apabila mereka melihat kerja Tuhan, orang jenis pertama tidak akan memahaminya. Mereka mempunyai rangka kerja keimanan yang mementingkan diri dan oleh itu, mereka membuat penghakiman dan kutukan dan bukannya menerima dan percaya.

Orang Farisi dan jurutulis, yang mempunyai hak yang diberikan khas, adalah jenis ini. Dalam Matius 12:24, telah dicatatkan bahawa mereka bercakap tentang Yesus dengan berkata, "Dengan Beelzebul, penghulu syaitan, Dia mengusir syaitan." Mereka mengucapkan perkataan yang buruk dengan kebodohan rohani mereka.

Orang jenis kedua pula percaya bahawa Yesus merupakan salah seorang nabi yang hebat dan mereka mengikuti-Nya. Contohnya, apabila Yesus membangkitkan semula seorang lelaki muda yang telah mati, orang ramai berkata, "Semua orang itu ketakutan dan mereka memuliakan Tuhan, sambil berkata, 'Seorang nabi besar telah muncul di tengah-tengah kita!' dan, 'Tuhan telah melawat umat-Nya!'" (Lukas 7:16)

Ketiga, ada orang yang merealisasikan hati mereka dan percaya bahawa Yesus ialah Anak Tuhan yang datang ke dunia untuk menjadi Penyelamat bagi semua manusia. Seorang lelaki ini buat sejak lahir, namun matanya dicelikkan apabila dia bertemu Yesus. Dia berkata, "Dari dahulu sampai sekarang tidak pernah terdengar, bahawa ada orang yang mencelikkan mata orang yang lahir buta.

Jikalau orang itu tidak datang dari Tuhan, Dia tidak dapat berbuat apa-apa" (Yohanes 9:32-33). Dia sedar bahawa Yesus datang sebagai penyelamat. Dia mengakui, "Tuhan, aku percaya," dan dia menyembah Yesus. Sama juga, orang yang mempunyai hati yang baik dan dapat mengenali sesuatu yang baik, akan sedar bahawa Yesus ialah Anak Tuhan hanya dengan melihat apa yang Yesus lakukan.

Dalam Yohanes 14:11 Yesus berkata, "Percaya kepada-Ku, bahawa Aku di dalam Bapa dan Bapa di dalam Aku; jika tidak percaya kerana pekerjaan itu sendiri." Jika anda hidup semasa zaman Yesus, anda akan termasuk dalam golongan jenis apa?

Perwira merupakan salah seorang manusia yang termasuk dalam jenis ketiga. Dia percaya tentang khabar mengenai Yesus dan dia pergi bertemu-Nya.

Perwira mengalami mukjizat yang merentasi masa dan ruang

Apakah sebabnya perwira mendapat jawapan yang diingininya, sejurus selepas dia mendengar Yesus berkata, "Ia akan dilakukan terhadapmu seperti yang kamu percaya"?

Kita dapat lihat bahawa perwira ini percaya dengan Yesus dalam hatinya. Dia dapat mematuhi apa sahaja yang Yesus beritahu kepadanya. Namun perkara yang penting tentang perwira ini adalah dia datang kepada Yesus dengan jiwa yang dipenuhi kasih sayang sejati.

Matius 8:6 menyatakan, "Tuan, hambaku terbaring di rumah kerana sakit lumpuh dan ia sangat menderita." Perwira ini datang bertemu Yesus dan tidak meminta bagi pihak ibu bapanya, saudaranya atau anak-anaknya, tetapi bagi pihak hambanya. Dia berasakan kesakitan hambanya itu seperti kesakitannya sendiri dan datang bertemu Yesus, bagaimana tidak Yesus berasa tersentuh dengan kebaikan hatinya?

Lumpuh adalah keadaan serius yang tidak dapat disembuhkan dengan mudah walaupun dengan kemahiran perubatan yang amat hebat. Seseorang itu tidak dapat menggerakkan tangan dan kakinya dengan bebas, jadi dia memerlukan bantuan orang lain. Dalam sesetengah kes, mereka memerlukan bantuan orang lain untuk mencuci badan, makan atau menukar pakaian.

Jika penyakit ini berterusan buat jangka masa yang lama, sukar untuk mencari orang yang akan dapat menjaga orang sakit dengan kasih sayang dan kelembutan hati, seperti yang dikatakan oleh pepatah lama Korea, "Tiada anak yang dapat bertahan dengan penyakit buat masa yang lama." Tidak ramai orang yang dapat mengasihi ahli keluarga mereka seperti mereka mengasihi diri sendiri.

Namun demikian, kadang kala seluruh keluarga berdoa sepenuh hati untuk mereka dengan kasih sayang, kita dapat lihat orang yang melampaui batas kemampuan manusia dengan sembuh atau menerima jawapan bagi masalah yang sukar. Doa mereka dan amalan baik yang penuh kasih sayang menggerakkan hati Tuhan Bapa sehinggakan Tuhan menunjukkan mereka kasih sayang yang melebihi keadilan-Nya.

Perwira itu mempunyai keyakinan penuh terhadap Yesus dan Dia dapat menyembuhkan penyakit lumpuh hambanya. Dia meminta kepada Yesus dan dia menerima jawapan.

Sebab kedua mengapa perwira ini menerima jawapan adalah kerana dia menunjukkan keimanan sepenuhnya dan kesanggupan untuk mematuhi Yesus tanpa ragu-ragu.

Yesus melihat kasih sayang perwira terhadap hambanya seperti dia menyayangi diri sendiri dan berkata kepadanya, "Aku akan datang dan menyembuhkannya." Namun perwira ini berkata dalam Matius 8:8, "Tuan, aku tidak layak menerima Tuan di dalam rumahku, katakan saja sepatah kata, maka hambaku itu akan sembuh."

Bagi kebanyakan orang, mereka akan gembira jika Yesus mahu datang ke rumah mereka. Namun bagi perwira, dia dengan berani mengakui hal ini kerana dia mempunyai keimanan sebenar.

Ini kerana dia mempunyai jenis sikap yang mematuhi apa sahaja yang Yesus katakan. Kita dapat lihat daripada kata-katanya dalam Matius 8:9 yang menyatakan, "Sebab aku sendiri seorang bawahan, dan di bawahku ada pula perajurit; Jika aku berkata kepada salah seorang perajurit itu, 'Pergi!, maka dia pergi, dan kepada seorang lagi, 'Datang!, maka dia datang, ataupun kepada hambaku, 'Kerjakanlah ini!, maka dia mengerjakannya." Selepas mendengarkan hal ini, Yesus berasa kagum dan berkata kepada semua pengikut, "Aku berkata kepadamu, sesungguhnya iman sebesar ini tidak pernah Aku jumpai pada seorangpun di antara orang Israel."

Dengan cara yang sama, jika anda melakukan apa yang diminta oleh Tuhan, dan menjauhi apa yang dilarang, mengamalkan apa yang disuruh dan menyingkirkan apa yang diminta, anda boleh berasa yakin dan meminta apa sahaja di hadapan Tuhan. Ini kerana 1 Yohanes 3:21-22 menyatakan, "Saudara-saudaraku yang kekasih, jikalau hati kita tidak menuduh kita, maka kita mempunyai keberanian percaya untuk mendekati Tuhan; dan apa saja yang kita minta, kita memperolehnya dari padaNya, kerana kita menuruti segala perintahNya dan berbuat apa yang berkenan kepadaNya."

Perwira ini mempunyai keyakinan sebenar dengan kuasa Yesus yang dapat menyembuhkan hanya dengan Firman-Nya. Walaupun dia merupakan perwira Empayar Rom, dia merendahkan dirinya dan sanggup mematuhi Yesus sepenuhnya. Atas sebab ini, dia menerima jawapan bagi apa yang dikehendakinya.

Dalam Matius 8:13, Yesus berkata kepada perwira, "Pulanglah dan jadilah kepadamu seperti yang engkau percaya," dan hamba perwira disembuhkan pada masa itu juga. Apabila Yesus mengeluarkan suara asal, jawapan diberikan merentasi ruang dan masa, sama seperti yang dipercayai oleh perwira.

Kerja berkuasa yang merentasi masa dan ruang

Mazmur 19:4 menyatakan, "...tetapi suara mereka terpencar ke seluruh dunia, dan perkataan mereka sampai ke hujung bumi..." (NRSV) Seperti yang dikatakan, suara asal yang keluar daripada mulut Yesus dapat menjangkau ke hujung dunia, dan kuasa Tuhan dipamerkan merentasi ruang tanpa mengira jarak fizikal.

Suara asal juga dibawa ke hadapan, ia merentasi masa. Oleh itu, walaupun selepas beberapa lama, firman dapat dicapai apabila bekas kita untuk menerima jawapan telah sedia.

Begitu banyak kuasa Tuhan melampau masa dan ruang berlaku dalam gereja ini. Pada tahun 1999, ada adik-beradik dari Pakistan yang datang berjumpa saya dengan membawa gambar adik perempuan mereka yang bernama Cynthia. Pada masa itu, Cynthia sedang menderita akibat ususnya yang mengecil dan penyakit Celiac.

Doktor memberitahu bahawa kemungkinan untuk sembuh amat tipis walaupun dengan pembedahan. Dalam situasi ini, kakak Cynthia berjumpa saya dengan membawa gambar adiknya untuk menerima doa saya. Dari saat saya berdoa untuk Cynthia, dia mua sembuh dengan cepat.

Pada bulan Oktober 2003, isteri seorang pembantu paderi gereja kami datang untuk menerima doa saya dengan membawa gambar adik lelakinya. Adik lelakinya mempunyai masalah pengurangan jumlah platlet darah. Air kencing, najis, mata, hidung dan mulutnya juga berdarah. Darahnya juga masuk ke dalam paru-paru dan usus. Dia hanya menanti ajalnya sahaja. Namun apabila saya berdoa dengan meletakkan tangan pada gambarnya, jumlah platletnya mula naik dengan pantas dan dia sembuh dengan begitu cepat.

Kerja seperti ini yang melampaui masa dan ruang berlaku dengan begitu banyak di perjumpaan Rusia yang diadakan di St. Petersburg pada bulan November 2003. Perjumpaan ini disiarkan melalui 12 satelit ke lebih daripada 150 buah negara merentasi Rusia, Eropah, Asia, Amerika Utara dan Amerika Latin. Siaran ini juga dilakukan termasuklah ke India, Filipina, Australia, Amerika Syarikat, Honduras dan Peru. Selain itu, perjumpaan skrin secara serentak diadakan di 4 buah bandar lain di Rusia dan di Kiev, Ukraine.

Tidak kiralah sama ada orang ramai menghadiri perjumpaan di skrin atau menontonnya di televisyen di rumah, sesiapa yang mendengar mesej dan menerima doa dengan keimanan mendapat penyembuhan pada masa yang sama dan mereka menghantarkan testimoni kepada kami melalui e-mel dan sebagainya. Walaupun mereka tidak berada dalam ruang fizikal yang sama apabila suara asal diucapkan, suara ini memberi kesan yang sama kepada mereka juga kerana mereka berada dalam ruang rohani yang sama. Jika anda mempunyai keimanan sebenar dan kesanggupan untuk mematuhi Firman Tuhan, menunjukkan amalan kasih sayang sebenar seperti si perwira dan percaya dengan kuasa Tuhan yang bekerja merentasi masa dan ruang, anda akan dapat menjalani kehidupan yang dirahmati, serta menerima jawapan bagi segala-gala yang anda inginkan.

Dalam Perjumpaan Khas Berterusan Dua-Minggu yang diadakan selama 12 tahun dari tahun 1993 hingga 2004, orang ramai disembuhkan daripada pelbagai jenis penyakit dan mendapat penyelesaian bagi pelbagai masalah kehidupan. Ada juga orang yang dibimbing menuju penyelamatan. Namun demikian, Tuhan membuatkan kami menghentikan perjumpaan kebangkitan ini selepas perjumpaan kebangkitan pada tahun 2004. Hal ini disebabkan Dia mahu memberikan sesuatu yang lebih besar lagi kepada kami.

Tuhan membenarkan saya untuk memulakan pengajian kerohanian baru dan mula menerangkan kepada saya tentang dimensi berbeza dalam dunia rohani. Pada mulanya, saya tidak faham apa yang dimaksudkan. Semua hal ini adalah sesuatu yang baru bagi saya juga. Namun, saya cuma patuh dan mula mempelajarinya, serta yakin bahawa suatu hari nanti saya akan faham.

Kira-kira 30 tahun lalu, saya menerima kuasa Tuhan melalui begitu banyak doa dan usaha berpuasa yang saya persembahkan sejak saya menjadi paderi. Saya terpaksa menghadapi keadaan suhu yang terlalu panas dah terlalu sejuk pada hari ke 10, 21, 40 semasa berdoa dan berpuasa untuk Tuhan.

Namun, pengajian kerohanian yang Tuhan berikan kepada saya

adalah lebih menyakitkan jika dibandingkan dengan usaha berdoa dan berpuasa tersebut. Saya perlu cuba memahami perkara yang tidak pernah saya dengar sebelum ini dan saya perlu berdoa seperti Yakub di Sungai Jabbok sehingga saya memahaminya.

Selain itu, saya juga perlu menderitai pelbagai keadaan fizikal yang berlaku terhadap tubuh saya. Sama seperti angkasawan yang perlu berlatih dengan tekun untuk menyesuaikan diri dengan kehidupan di angkasa, ada banyak perkara berbeza yang berlaku terhadap tubuh saya sehingga saya mencapai dimensi yang Tuhan mahu saya capai.

Namun saya dapat mengatasi setiap saat ini dengan kasih sayang dan keimanan terhadap Tuhan dan tidak lama selepas itu, saya mendapat pengetahuan rohani tentang asal-usul Tuhan Bapa, hukum kasih sayang dan keadilan dan banyak lagi.

Selain itu, lebih dekat saya dengan dimensi yang Tuhan mahu saya capai, kerja berkuasa berlaku dengan lebih hebat lagi. Kecepatan ahli gereja menerima rahmat menjadi lebih pantas dan kecepatan penyembuhan suci yang berlaku juga sama. Setiap hari, saya menerima semakin banyak testimoni.

Tuhan mahu memenuhi takdir-Nya pada akhir masa dengan kuasa yang paling tinggi dan paling hebat yang tidak dapat dibayangkan oleh manusia. Atas alasan ini Dia memberikan kuasa ini, supaya Gereja Besar dapat dibina sebagai bahtera penyelamatan yang akan mencapai keagungan Tuhan dan ajaran akan dibawa pulang ke Israel.

Amat sukar untuk menyampaikan ajaran di Israel. Mereka tidak membenarkan apa-apa perjumpaan Kristian di sana. Ia hanya dapat dilakukan dengan kuasa Tuhan yang maha hebat, yang dapat menggegarkan dunia dan ia suatu tugas yang diberikan kepada gereja kami untuk menyampaikan ajaran di Israel.

Saya cuma berharap agar kali ini anda sedar bahawa sudah hampir tiba masanya untuk Tuhan menamatkan rancangan akhir masa-Nya, cubalah untuk menghiasi diri anda sebagai pengantin perempuan Tuhan dan memastikan segala-galanya baik untuk anda, sedang jiwa anda juga makmur pada masa yang sama.

Contoh Alkitab - 3

Kuasa Tuhan yang Menguasai Syurga Keempat

Syurga keempat adalah ruang hanya untuk Tuhan yang asal. Ia adalah tempat bagi Tuhan Tritunggal dan tiada yang mustahil di sana. Benda diciptakan dari tiada. Apabila Tuhan menginginkan sesuatu di hatinya, ia akan dilakukan. Objek pepejal boleh bertukar dengan bebas kepada cecair atau gas. Ruang yang mempunyai ciri-ciri itu dipanggil sebagai 'ruang dimensi keempat'.

Kerja-kerja keajaiban ini menggunakan ruang rohani dimensi keempat termasuk kerja-kerja penciptaan, pengawalan kehidupan dan kematian, penyembuhan serta kerja-kerja lain yang melampaui masa dan ruang. Kuasa Tuhan yang memiliki syurga keempat sedang dimanifestasikan hari ini sama seperti zaman dahulu.

1. Kerja Penciptaan

Kerja penciptaan adalah mencipta sesuatu yang tidak pernah wujud untuk kali pertama. Ketika Tuhan menciptakan langit dan bumi dan segala sesuatu di dalamnya pada mulanya dengan hanya Firman-Nya, ia merupakan kerja-kerja penciptaan. Tuhan boleh memperlihatkan kerja-kerja penciptaan kerana Dia memiliki syurga keempat.

Kerja-kerja penciptaan yang ditunjukkan oleh Yesus

Dalam bab Yohanes 2, perbuatan mengubah air menjadi wain adalah kerja-kerja penciptaan. Yesus diundang ke jamuan perkahwinan dan wainnya telah habis.

Maria berasa serba salah dalam situasi ini dan meminta bantuan Yesus. Pada mulanya Yesus menolak, tetapi Maria masih percaya. Dia percaya bahawa Yesus akan membantu tuan rumah jamuan itu.

Yesus mengambil kira iman yang sempurna dari Maria dan memberitahu hamba-hamba untuk mengisi air ke dalam bekas air dan membawanya ke ketua pelayan. Dia tidak berdoa atau memerintahkan supaya air itu diubah menjadi wain. Dia hanya menyimpannya di dalam hati, dan air dalam enam bekas air itu berubah menjadi wain berkualiti tinggi dalam sekelip mata.

Kerja penciptaan melalui Elia

Janda Zarephat dalam 1 Raja-Raja bab 17 berada dalam keadaan yang sangat sukar. Oleh kerana kemarau yang berpanjangan, makanannya habis dan dia hanya memiliki sedikit tepung dan minyak.

Namun Elia memintanya untuk membakar sekeping roti dan memberikannya kepadanya, katanya, "Demikianlah firman TUHAN, Tuhan Israel, 'Bekas tepung tidak akan habis, dan bekas minyak tidak akan habis sampai hari TUHAN menurunkan hujan di muka bumi'" (1 Raja-raja 17:14). Janda itu mematuhi Elia tanpa memberi sebarang alasan.

Hasilnya, dia, Elia dan keluarganya makan selama beberapa hari, tetapi mangkuk tepung dan tongkat minyak tidak habis (1 Raja-raja 17:15-16). Di sini, tepung dan minyak yang sedikit di dalam balang tidak habis menunjukkan bahawa kerja-kerja penciptaan telah berlaku.

Kerja penciptaan melalui Musa

Dalam Keluaran 15:22-23, kita mendapati bahawa anak-anak Israel telah menyeberangi Laut Merah dan padang gurun. Setelah tiga hari berlalu, mereka tidak dapat mencari air. Kemudian mereka menemui air di tempat yang dipanggil Mara, tetapi ianya pahit dan tidak boleh diminum. Mereka mula mengadu dengan kuat.

Musa berdoa kepada Tuhan, dan Tuhan menunjukkan sebuah pohon kepadanya. Selepas Musa melemparkannya ke dalam air, kemudian air itu menjadi manis dan boleh diminum. Pokok itu tidak mempunyai unsur yang boleh menghilangkan rasa pahit dari air itu. Tuhan menunjukkan kerja penciptaan yang diperlihatkan melalui keimanan dan ketaatan Musa.

Tapak Air Manis Muan

Gereja Manmin Muan mengalami kuasa penciptaan

Tuhan masih menunjukkan kerja-kerja penciptaan kepada kita sehingga hari ini. Air manis Muan adalah salah satu keajaiban. Pada 4 Mac 2000, saya berdoa di Seoul bahawa air masin di Gereja Manmin Muan untuk berubah menjadi air manis, dan ahli-ahli gereja mengesahkan doa itu dijawab pada keesokan harinya iaitu pada 5 Mac.

Gereja Manmin Muan dikelilingi oleh laut, dan ia hanya memiliki air laut dari telaga. Mereka terpaksa mendapatkan air minuman melalui paip dari tempat sejauh 3 km. Ia sangat sukar bagi mereka.

Ahli Gereja Manmin Muan teringat peristiwa di Mara dalam kitab Keluaran, dan mereka meminta saya untuk berdoa dengan iman supaya air masin itu bertukar menjadi manis. Semasa ibadat gunung selama 10 hari dari 21 Februari, saya berdoa untuk Gereja Manmin Muan. Ahli-ahli Gereja Manmin Muan juga berpuasa dan berdoa untuk perkara yang sama.

Semasa ibadat gunung, saya hanya menumpukan kepada doa dan Firman Tuhan. Usaha saya dan kepercayaan para anggota Gereja Manmin Muan memenuhi syarat-syarat keadilan Tuhan, oleh itu kerja-kerja penciptaan yang luar biasa telah ditunjukkan.

Dengan mata rohani, seseorang dapat melihat sinar cahaya dari takhta Tuhan yang turun ke penghujung paip perigi itu, jadi ketika air masin melalui paip itu, ia akan bertukar menjadi manis.

Air manis Muan ini bukan hanya untuk diminum. Apabila seseorang minum atau menggunakan ia dengan iman, mereka akan menerima penyembuhan kudus dan jawapan kepada permasalahan sesuai dengan iman mereka. Terdapat banyak testimoni kerja-kerja sedemikian melalui air manis Muan, dan ramai orang dari seluruh dunia melawat perigi ini di Gereja Manmin Muan.

Air manis Muan telah diuji oleh Pentadbiran Makanan dan Ubat Amerika Syarikat serta keselamatan dan kualiti yang baik telah disahkan dalam lima kategori: faktor mineral, kandungan logam berat, sisa kimia, reaksi kulit, dan kandungan toksik melalui tikus eksperimen. Ia sangat kaya dengan mineral dan kandungan kalsiumnya tiga kali ganda lebih tinggi daripada air mineral terkenal dari Perancis dan Jerman.

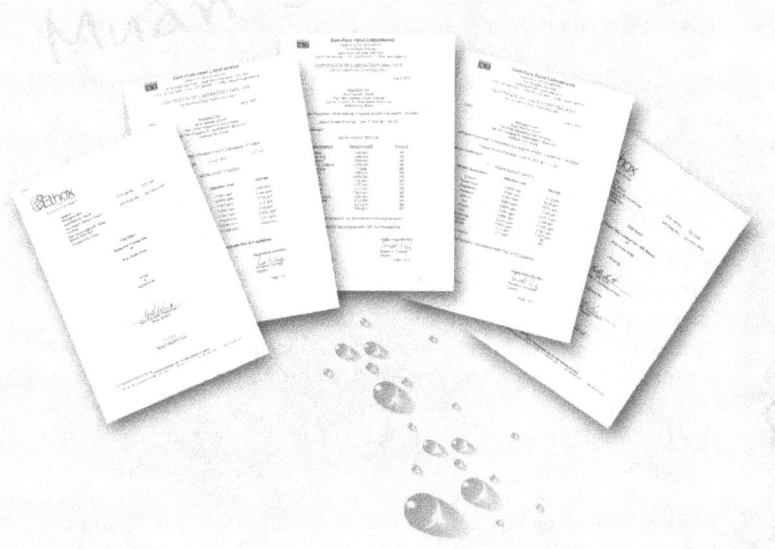

FDA (Keputusan ujian Pentadbiran Makanan dan Ubat)

2. Mengawal Kehidupan

Dalam ruang dimensi keempat yang mempunyai ciri-ciri syurga keempat, sesuatu yang mati boleh dihidupkan, atau sesuatu yang hidup juga boleh dimatikan. Ia terpakai kepada semua yang mempunyai nyawa, sama ada tumbuh-tumbuhan atau haiwan. Ia berlaku dengan tongkat Harun yang bercambah. Ia diliputi oleh ruang dimensi keempat. Oleh itu, dalam masa satu hari, tongkat yang kering tumbuh dan mempunyai tunas, menghasilkan bunga, dan ia mengeluarkan badam yang masak. Dalam Matius 21:19, Yesus berkata kepada pohon ara yang tidak mempunyai buah-buahan, "tidak akan ada lagi buah dari kamu." Selepas itu pohon ara menjadi layu. Ini juga dilakukan kerana ruang dimensi keempat meliputinya. Dalam Yohanes 11, kita membaca kisah Yesus yang menghidupkan semula Lazarus yang telah mati selama empat hari dan berbau busuk. Dalam kes Lazarus, jiwa dan tubuhnya yang sudah rosak harus diperbaharui sepenuhnya. Secara fizikal, ia suatu yang mustahil, namun badannya dapat dipulihkan dalam ruang dimensi keempat.

Di Gereja Pusat Manmin, seorang saudara bernama Keonwi Park telah kehilangan penglihatan pada salah satu matanya dan dia dapat melihat semula. Dia menjalani pembedahan katarak semasa dia berusia tiga tahun. Komplikasi telah terjadi dan dia mengalami uveitis yang serius dan retina yang terpisah. Jika retina terpisah, anda tidak dapat melihat dengan betul. Tambahan pula, dia juga mengalami ftisis bulbi iaitu pengecutan biji mata. Pada tahun 2006, akhirnya mata belah kiri telah menjadi buta.

Namun pada Julai 2007, dia menerima penglihatan melalui doa saya. Sebelum ini mata belah kiri tidak dapat mengesan sebarang cahaya, tetapi kini dia dapat melihat. Biji mata yang mengecil juga sudah kembali menjadi normal.

Penglihatannya untuk mata belah kanan juga teruk, di skala 0.1, tetapi ia bertambah baik sehingga 0.9. Testimoninya diperkenalkan dengan semua dokumen perubatan dan hospital dalam Persidangan Doktor Perubatan Kristian Antarabangsa ke-5 yang diadakan di Norway. Persidangan itu dihadiri oleh 220 pakar perubatan dari 41 negara. Kes itu dipilih sebagai kes paling menarik di kalangan kes-kes lain yang dibentangkan.

Perkara yang sama boleh berlaku untuk tisu atau saraf lain. Walaupun saraf atau sel-sel mati, ia boleh dipulihkan semula jika ruang dimensi keempat meliputinya. Kecacatan fizikal juga boleh dipulihkan secara menyeluruh dalam ruang dimensi keempat. Penyakit lain yang

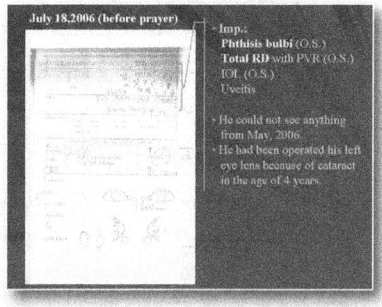
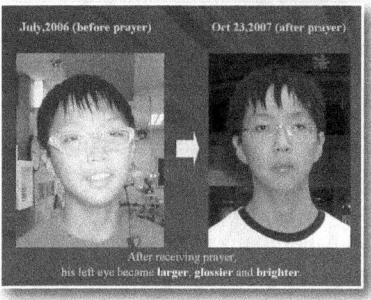

Kes Keonwi Park dibentangkan dalam Persidangan WCDN ke-5

disebabkan oleh kuman atau virus seperti AIDS, batuk kering, sejuk, atau demam boleh disembuhkan di ruang dimensi keempat. Dalam kes seperti itu, api Roh Kudus turun dan membakar kuman atau virus. Tisu-tisu yang rosak akan pulih dalam ruang syurga keempat, dan ianya penyembuhan yang lengkap. Bahkan masalah ketidaksuburan, jika organ atau bahagian yang mempunyai masalah diperbetulkan di ruang dimensi keempat, seseorang boleh memiliki bayi. Kita harus memenuhi syarat keadilan Tuhan untuk disembuhkan daripada penyakit atau kelemahan melalui kuasa Tuhan di ruang dimensi keempat.

3. Kerja-kerja yang Mengatasi Masa dan Ruang

Kerja-kerja hebat yang berlaku di ruang dimensi keempat ditunjukkan mengatasi masa dan ruang. Ini kerana ruang dimensi keempat mengandungi dan mengatasi semua ruang dimensi lain. Mazmur 19:4 menyatakan, "... tetapi suaranya keluar ke seluruh bumi, dan kata-kata mereka sehingga ke hujung dunia ..." (NRSV) Ini bermakna firman Tuhan yang tinggal di syurga keempat akan sampai ke hujung dunia.

Dua titik yang jauh jaraknya di syurga pertama ini pun, iaitu dunia fizikal, adalah seperti berada sebelah-menyebelah dalam konsep ruang dimensi keempat. Cahaya bergerak mengelilingi Bumi tujuh kali setengah dalam masa satu saat. Namun, cahaya kuasa Tuhan dapat menjejak ke hujung alam semesta dalam satu detik sahaja. Oleh itu, jarak dalam dunia fizikal tidak mempunyai apa-apa makna atau had dalam ruang di dimensi keempat.

Dalam Matius bab 8, seorang perwira meminta Yesus untuk menyembuhkan hambanya. Yesus berkata yang Dia akan ke rumahnya, namun perwira berkata, "Tuan, aku tidak layak menerima Tuan di dalam rumahku, katakan saja sepatah kata, maka hambaku itu akan sembuh." Jadi, Yesus berkata, "Pulanglah dan jadilah kepadamu seperti yang engkau percaya." Maka pada saat itu juga sembuhlah hambanya.

Disebabkan Yesus memiliki ruang dalam dimensi keempat, seorang lelaki yang sakit yang berada di tempat yang jauh disembuhkan hanya dengan arahan daripada Yesus. Perwira menerima rahmat sebegitu kerana dia menunjukkan keimanan yang sempurna terhadap Yesus. Yesus juga memuji keimanan perwira ini dengan berkata, "Aku berkata kepadamu, sesungguhnya iman sebesar ini tidak pernah Aku jumpai pada seorangpun di antara orang Israel."

Hari ini pun, bagi anak-anak yang disatukan dengan Tuhan melalui keimanan yang sempurna, Tuhan menunjukkan kerja berkuasa-Nya yang merentasi masa dan ruang.

Cynthia di Pakistan sedang nazak disebabkan penyakit Celiac. Lysanias di Israel juga nazak disebabkan jangkitan virus. Namun mereka disembuhkan melalui kuasa doa yang merentasi masa dan ruang. Robert Johnson di Amerika Syarikat juga menerima penyembuhan melalui kuasa doa yang merentasi masa dan ruang. Tendon Achillesnya koyak dan dia tidak dapat berjalan disebabkan kesakitan yang teruk. Tanpa rawatan perubatan, ia sembuh sepenuhnya dengan hanya kuasa doa yang merentasi masa dan ruang. Inilah kerja kuasa yang dimanifestasikan dalam ruang dimensi keempat.

Kerja luar biasa yang berlaku melalui sapu tangan juga adalah kerja yang merentasi ruang dan masa. Walaupun selepas masa berlalu, selagi pemilik sapu tangan berada dalam keadaan yang benar di mata Tuhan, kuasa yang terkandung di dalamnya tidak akan hilang. Oleh itu, sapu tangan yang telah didoakan adalah amat bernilai, kerana ia dapat membuka ruang dimensi keempat di mana-mana.

Namun jika seseorang menggunakan sapu tangan dengan cara yang menidakkan Tuhan tanpa apa-apa keimanan, kerja Tuhan tidak akan berlaku. Ia bukan sahaja orang yang berdoa dengan sapu tangan, malah orang yang didoakan juga mestilah berada selari dengan keadilan. Dia mesti percaya bahawa sapu tangan mengandungi kuasa Tuhan, tanpa ragu-ragu.

Dalam dunia rohani, semua perkara dilakukan dengan tepat menurut keadilan. Oleh itu, keimanan orang yang berdoa dan orang yang didoakan diukur dengan tepat dan kerja Tuhan akan dilaksanakan menurut ukuran ini.

4. Menggunakan Alam Rohani

Yosua 10:13 menyatakan, "...Dan matahari berhenti di tengah-tengah langit dan tidak tenggelam selama kira-kira satu hari penuh." Ini berlaku semasa Yosua berperang menentang orang Amorite semasa menakluki tanah Kanaan. Bagaimanakah masa terhenti selama kira-kira sehari di syurga pertama? Sehari adalah tempoh masa bagi Bumi untuk berputar pada paksinya. Oleh itu, untuk masa berhenti, putaran Bumi juga mestilah terhenti. Namun jika putaran Bumi berhenti, ia akan memberikan kesan buruk kepada bukan sahaja Bumi, malah juga planet-planet lain. Jadi, bagaimana mungkin masa terhenti selama kira-kira sehari? Ia berlaku kerana bukan Bumi sahaja, malah segala-galanya dalam syurga pertama beredar mengikut masa dalam dunia rohani. Aliran masa di syurga kedua lebih pantas berbanding syurga pertama dan aliran masa di syurga ketiga lebih pantas berbanding syurga kedua. Namun aliran masa di syurga keempat boleh jadi lebih pantas atau lebih perlahan berbanding syurga-syurga lain. Dalam erti kata lain, aliran masa di syurga keempat boleh berbeza mengikut niat Tuhan, seperti yang dikehendaki dalam hari-Nya. Dia boleh memanjangkan, memendekkan atau menghentikan masa.

Dalam kes Yosua, keseluruhan syurga pertama diliputi oleh ruang syurga keempat dan masa dipanjangkan seperti yang diperlukan. Dalam Alkitab, kita dapat lihat satu kejadian di mana aliran masa dipendekkan. Ia merupakan kes di mana Elia berlari lebih pantas berbanding kereta kuda raja dalam 1 Raja-raja, bab 18. Aliran masa yang dipendekkan ini berlawanan dengan aliran masa yang dipanjangkan. Elia berlari dengan kelajuan biasanya, tetapi disebabkan dia berada dalam aliran masa yang dipendekkan, dia dapat berlari lebih pantas daripada kereta kuda raja. Kerja penciptaan, menghidupkan orang mati dan kerja yang melampaui batas masa dan ruang dilakukan dalam aliran masa yang telah terhenti. Itu sebabnya dalam dunia fizikal, kerja ini berlaku dengan serta-merta selepas arahan diberikan atau selepas keinginan berada dalam hati.

Mari kita lihat apa yang kelihatan seperti 'teleportasi' Filipa, dalam

Kisah Para Rasul, bab 8. Dia dipimpin oleh Roh Kudus untuk bertemu dengan sida-sida Ethiopia di jalan yang menuruni bukit dari Yerusalem ke Gaza. Filipa menyampaikan ajaran Yesus Kristus dan membaptiskannya dengan Air. Kemudian, Filipa tiba-tiba muncul di bandar yang bernama Azotus. Ia seolah-olah 'teleportasi'.

Untuk teleportasi ini berlaku, seseorang mestilah melalui laluan kerohanian yang dibentuk oleh ruang dalam dimensi keempat, yang mempunyai ciri-ciri syurga keempat. Dalam laluan ini, aliran masa terhenti dan itu sebabnya manusia dapat menggerakkan jarak dengan sekelip mata.

Jika kita dapat menggunakan laluan kerohanian ini, kita akan dapat mengawal keadaan cuaca sekalipun. Contohnya, katakanlah ada satu tempat yang mengalami kemarau dan satu tempat mengalami banjir. Jika air hujan di lokasi banjir boleh dihantar ke tempat yang mengalami kemarau, masalah kedua-dua tempat dapat diselesaikan.

Jika ribut dan taufan dapat dipindahkan melalui laluan kerohanian ke tempat yang tiada penghuni, ia tidak akan menimbulkan apa-apa masalah. Jika kita menggunakan ruang kerohanian, kita dapat mengawal bukan sahaja taufan malah juga letusan gunung berapi dan gempa bumi. Kita dapat menutupi gunung berapi atau punca asal gempa bumi dengan ruang kerohanian.

Namun semua ini hanya dapat dilakukan jika ia benar berdasarkan keadilan Tuhan. Contohnya, untuk menghentikan bencana alam yang melanda keseluruhan negara, adalah baik bagi pemimpin sesebuah negara itu meminta acara doa diadakan. Selain itu, walaupun setelah ruang kerohanian terbentuk, kita tidak boleh melanggar keadilan syurga pertama secara sepenuhnya. Kesan ruang kerohanian akan terhad, sejauh mana syurga pertama tidak akan mengalami kekecohan selepas ruang kerohanian diangkat. Tuhan mentadbir semua syurga dengan kekuatan-Nya dan Dia merupakan Tuhan kasih sayang dan keadilan.

(Tamat)

Penulis:
Dr. Jaerock Lee

Dr. Jaerock Lee dilahirkan di Muan, Wilayah Jeonnam, Republik Korea, pada tahun 1943. Dalam usia 20-an, Dr. Lee menderitai pelbagai penyakit yang tidak dapat disembuhkan selama tujuh tahun dan menunggu kematian tanpa harapan untuk sembuh. Walau bagaimanapun, pada satu hari di musim bunga tahun 1974, dia dibawa ke gereja oleh kakaknya dan apabila dia melutut untuk berdoa, Tuhan hidup menyembuhkan segala penyakitnya dengan tiba-tiba.

Daripada saat dia bertemu Tuhan hidup melalui pengalaman menakjubkan itu, Dr Lee menyayangi Tuhan dengan seluruh hati dan keihklasannya. Pada tahun 1978 dia dipanggil menjadi hamba Tuhan. Dia berdoa bersungguh-sungguh dengan ibadat puasa yang tidak terhingga agar dia boleh memahami ketentuan Tuhan dengan jelas dan melengkapkannya dan mematuhi Firman Tuhan. Pada tahun 1982, dia mengasaskan Gereja Pusat Manmin di Seoul, Korea dan pelbagai tugas Tuhan termasuklah penyembuhan ajaib, petanda dan keajaiban yang berlaku di gerejanya.

Pada tahun 1986, Dr Lee ditahbiskan sebagai seorang pastor di Perhimpunan Tahunan Yesus Gereja Sungkyul Korea dan empat tahun kemudian pada tahun 1990, ceramahnya mula disiarkan di Australia, Rusia dan Filipina. Dalam tempoh masa yang pendek, lebih banyak negara yang dapat ditembusi melalui Syarikat Penyiara Far East, Stesen Asia Broadcast dan Sistem Radio Kristian Washington.

Tiga tahun kemudian pada tahun 1993, Gereja Pusat Manmin dipilih sebagai salah satu "50 Gereja Teratas Dunia" oleh majalah Christian World (AS) dan dia menerima Doktor Kehormat Teologi daripada Christian Faith College, Florida, AS dan pada tahun 1996, dia menerima PhD. dalam Kepaderian daripada Kingsway Theological Seminary, Iowa, AS.

Sejak tahun 1993, Dr Lee telah memacu penginjilan dunia melalui pelbagai perang salib luar negara di Tanzania, Argentina, L.A., Bandar Baltimore, Hawaii dan Bandar New York di AS, Uganda, Jepun, Pakistan, Kenya, Filipina, Honduras, India, Rusia, Jerman, Peru, Republik Demokratik Congo, Israel dan Estonia.

Pada tahun 2002 dia diiktiraf sebagai "penggerak kebangkitan seluruh dunia" disebabkan kepaderiannya yang hebat dalam pelbagai perang salib di luar negara oleh akhbar Kristian utama di Korea. Terutamanya 'Perang Salib New York 2006' miliknya yang diadakan di Madison Square Garden, arena paling masyhur di dunia. Acara itu disiarkan ke 220 negara dan dalam rancangannya 'Perang Salib Kesatuan Israel 2009' yang diadakan di Pusat Konvensyen Antarabangsa (ICC) di Yerusalem, dia dengan beraninya menyatakan Yesus Kristus adalah Al Masih dan Penyelamat.

Khutbahnya disiarkan ke 176 negara melalui satelit termasuklah GCN TV dan beliau disenaraikan sebagai '10 Pemimpin Kristian Paling Berpengaruh Dunia' 2009 dan 2010 oleh majalah Kristian popular Rusia In Victory dan agensi berita Christian Telegraph, atas dakwah siaran TV beliau yang berkuasa dan dakwah paderi gereja luar negara yang berkesan.

Setakat bulan Disember 2016, Gereja Besar Manmin mempunyai jemaah lebih daripada 120,000 ahli. Terdapat 11,000 cawangan gereja di dalam dan luar negara di seluruh dunia termasuk 56 cawangan gereja tempatan, dan setakat ini lebih 102 misi mubaligh telah dihantar ke 23 negara, termasuklah Amerika Syarikat, Rusia, Jerman, Kanada, Jepun, China, Perancis, India, Kenya dan banyak lagi.

Sehingga tarikh penerbitan ini, Dr. Lee telah menulis 105 buah buku, termasuklah jualan terlaris seperti Tasting Eternal Life before Death, My Life My Faith I & II, The Message of the Cross, The Measure of Faith, Heaven I & II, Hell, Awaken, Israel!, dan The Power of God. Hasil karyanya telah diterjemahkan lebih daripada 76 bahasa.

Kolum Kristiannya muncul di The Hankook Ilbo, The JoongAng Daily, The Chosun Ilbo, The Dong-A Ilbo, The Hankyoreh Shinmun, The Seoul Shinmun, The Kyunghyang Shinmun, The Korea Economic Daily, The Korea Herald, The Shisa News, and The Christian Press.

Dr. Lee kini merupakan pemimpin daripada pelbagai organisasi dakwah dan persatuan. Jawatannya termasuklah: Pengerusi, Gereja Penyatuan Suci Yesus Kristus; Presiden Tetap, Persatuan Misi Kebangkitan Kristian Dunia; Pengasas & Pengerusi Lembaga, Global Christian Network (GCN); Pengasas & Pengerusi Lembaga, Jaringan Doktor Kristian Sedunia (WCDN); dan Pengasas & Pengerusi Lembaga, Seminari Antarabangsa Manmin (MIS).

Buku-buku lain yang hebat dari penulis yang sama

Syurga I & II

Jemputan ke Bandar Suci Yerusalem Baru, yang mana 12 pintu pagarnya diperbuat daripada mutiara yang bergemerlapan, di tengah-tengah Syurga yang luas dan bersinar seperti permata berharga.

Tujuh Gereja

Mesej Tuhan untuk membangkitkan orang Kristian dan gereja daripada tidur rohani, yang dihantar ke tujuh gereja yang dicatatkan dalam Wahyu bab 2 dan 3, yang merujuk kepada semua gereja Tuhan

Neraka

Mesej kepada semua manusia daripada Tuhan, yang tidak mahu walau satu jiwa pun masuk ke Neraka! Anda akan mengetahui perkara yang tidak pernah diterangkan di mana-mana sebelum ini tentang penderitaan di Neraka.

Hidup Saya Iman Saya I&II

Aroma kerohanian paling harum yang diambil daripada kehidupan yang mencintai Tuhan, di tengah-tengah gelombang gelap, cabaran dan penderitaan hebat.

Ukuran Iman

Apakah tempat tinggal, mahkota dan ganjaran yang disediakan untuk anda di syurga? Buku ini memberikan kebijaksanaan dan bimbingan untuk anda mengukur tahap iman dan memupuk iman yang terbaik dan matang.

www.urimbooks.com

www.ingramcontent.com/pod-product-compliance
Lightning Source LLC
LaVergne TN
LVHW021820060526
838201LV00058B/3449